DOCUMENTS

RELATIFS À L'ORGANISATION

D'UN RÉGIME D'UNION FÉDÉRALE EUROPÉENNE

DOCUMENTS

RELATIFS À L'ORGANISATION

D'UN RÉGIME D'UNION FÉDÉRALE EUROPÉENNE

SOMMAIRE.

I. — Information communiquée à la presse (9 septembre 1929) 5

II. — Mémorandum du Gouvernement français (1er mai 1930) 7

III. — Réponses au Mémorandum du Gouvernement français 23

    1. Réponse du Gouvernement espagnol (25 juin 1930)................. 25

    2. Réponse du Gouvernement néerlandais (30 juin 1930)............... 29

    3. Réponse du Gouvernement finlandais (4 juillet 1930)............... 33

    4. Réponse du Gouvernement italién (4 juillet 1930)................... 37

    5. Réponse du Gouvernement autrichien (5 juillet 1930)............... 43

    6. Réponse du Gouvernement estonien (8 juillet 1930).................. 49

    7. Réponse du Gouvernement roumain (8 juillet 1930)................. 51

    8. Réponse du Gouvernement polonais (10 juillet 1930)................. 53

    9. Réponse du Gouvernement allemand (11 juillet 1930)................. 55

    10. Réponse du Gouvernement danois (11 juillet 1930)................... 59

    11. Réponse du Gouvernement hellénique (12 juillet 1930)................ 65

    12. Réponse du Gouvernement lithuanien (12 juillet 1930)................ 67

    13. Réponse du Gouvernement norvégien (12 juillet 1930)................ 69

    14. Réponse du Gouvernement portugais (12 juillet 1930)................ 73

    15. Réponse du Gouvernement hongrois (14 juillet 1930)................. 77

    16. Réponse du Gouvernement tchécoslovaque (14 juillet 1930)............ 81

    17. Réponse du Gouvernement suédois (14 juillet 1930)................. 85

    18. Réponse du Gouvernement letton (15 juillet 1930)................. 87

    19. Réponse du Gouvernement luxembourgeois (15 juillet 1930)........... 89

    20. Réponse du Gouvernement albanais (16 juillet 1930)................. 91

    21. Réponse du Gouvernement britannique (16 juillet 1930)............. 93

    22. Réponse du Gouvernement belge (17 juillet 1930)................. 97

    23. Réponse du Gouvernement irlandais (17 juillet 1930)............... 103

    24. Réponse du Gouvernement bulgare (19 juillet 1930)................ 109

    25. Réponse du Gouvernement yougoslave (21 juillet 1930)............. 115

    26. Réponse du Gouvernement suisse (4 août 1930)..................... 117

IV. — Rapport du Gouvernement français sur les résultats de l'enquête (8 septembre 1930). 121

I

INFORMATION COMMUNIQUÉE À LA PRESSE.

Genève, le 9 septembre 1929.

Au cours d'une réunion à laquelle il avait invité les Ministres des Affaires Étrangères ou premiers Délégués des vingt-sept Nations européennes participant à l'Assemblée de la Société des Nations, M. Briand a développé les idées relatives à l'organisation de l'Europe qu'il avait esquissées devant l'Assemblée. Après un échange de vues, les Délégués présents ont déclaré à l'unanimité prendre acte de l'initiative du Président du Conseil français tendant à instituer entre les Nations européennes un lien de solidarité, et la considérer avec sympathie. Tous se sont engagés à saisir leur Gouvernement de la question et à la mettre à l'étude. Ils ont chargé le Président du Conseil français de rédiger à l'adresse des Gouvernements européens représentés à la Société des Nations un mémorandum et d'instituer une consultation générale sur cette question. Sur les réponses, le Président du Conseil français est prié de préparer un rapport résumant les avis formulés. Ce rapport sera discuté dans une nouvelle réunion qui aura lieu à Genève au cours de la XIe Assemblée de la Société des Nations.

II

MEMORANDUM

SUR L'ORGANISATION

D'UN RÉGIME D'UNION FÉDÉRALE EUROPÉENNE

Au cours d'une première réunion tenue le 9 septembre 1929, à Genève, à la demande du Représentant de la France, les Représentants qualifiés des vingt-sept États européens membres de la Société des Nations ont été appelés à envisager l'intérêt d'une entente entre Gouvernements intéressés, en vue de l'institution, entre peuples d'Europe, d'une sorte de lien fédéral qui établisse entre eux un régime de constante solidarité et leur permette, dans tous les cas où cela serait nécessaire, d'entrer en contact immédiat pour l'étude, la discussion et le règlement des problèmes susceptibles de les intéresser en commun.

Unanimes à reconnaître la nécessité d'un effort dans ce sens, les Représentants consultés se sont tous engagés à recommander à leurs Gouvernements respectifs la mise à l'étude de la question qui leur était directement soumise par le Représentant de la France et qu'aussi bien ce dernier avait déjà eu occasion, le 5 septembre, d'évoquer devant la Xe Assemblée de la S. D. N.

Pour mieux attester cette unanimité, qui consacrait déjà le principe d'une union morale européenne, ils ont cru devoir arrêter sans délai la procédure qui leur paraissait la plus propre à faciliter l'enquête proposée : ils ont confié au Représentant de la France le soin de préciser, dans un memorandum aux Gouvernements intéressés, les points essentiels sur lesquels devait porter leur étude; de recueillir et d'enregistrer leurs avis; de dégager les conclusions de cette large consultation, et d'en faire l'objet d'un rapport à soumettre aux délibérations d'une Conférence européenne, qui pourrait se tenir à Genève lors de la prochaine Assemblée de la S. D. N.

*
* *

Au moment de s'acquitter de la mission qui lui a été confiée, le Gouvernement de la République tient à rappeler la préoccupation générale et les réserves essentielles qui n'ont cessé de dominer la pensée de tous les Représentants réunis à Genève le 9 septembre dernier.

*
* *

La proposition mise à l'étude par vingt-sept Gouvernements européens trouvait sa justification dans le sentiment très précis d'une responsabilité collective en face du danger qui menace la paix européenne, au point de vue politique aussi bien qu'économique et social, du fait de l'état d'incoordination où se trouve encore l'économie générale de l'Europe. La nécessité d'établir un régime permanent de solidarité conventionnelle pour l'organisation rationnelle de l'Europe résulte en effet des conditions mêmes de la sécurité et du bien-être des peuples que leur situation géographique appelle à partager, dans cette partie du monde, une solidarité de fait.

Nul ne doute aujourd'hui que le manque de cohésion dans le groupement des forces matérielles et morales de l'Europe ne constitue, pratiquement, le plus sérieux obstacle au développement et à l'efficacité de toutes institutions politiques ou juridiques sur quoi tendent à se fonder les premières entreprises d'une organisation universelle de la paix. Cette dispersion de forces ne limite pas moins gravement, en Europe, les possibilités d'élargissement du marché économique, les tentatives d'intensification et d'amélioration de la production industrielle, et par là même toutes garanties contre les crises du travail, sources d'instabilité politique aussi bien que sociale. Or, le danger d'un tel morcellement se trouve encore accru du fait de l'étendue des frontières nouvelles (plus de 20.000 kilomètres de barrières douanières) que les Traités de paix ont dû créer pour faire droit, en Europe, aux aspirations nationales.

L'action même de la Société des Nations, dont les responsabilités sont d'autant plus lourdes qu'elle est universelle, pourrait être exposée en Europe à de sérieuses entraves, si ce fractionnement territorial ne trouvait au plus tôt sa compensation dans un lien de solidarité permettant aux Nations européennes de prendre enfin conscience de l'unité géographique européenne et de réaliser, dans le cadre de la Société, une de ces ententes régionales que le Pacte a formellement recommandées.

*
* *

C'est dire que la recherche d'une formule de coopération européenne en liaison avec la Société des Nations, loin d'affaiblir l'autorité de cette dernière, ne doit tendre et ne peut tendre qu'à l'accroître, car elle se rattache étroitement à ses vues.

Il ne s'agit nullement de constituer un groupement européen en dehors de la S. D. N., mais au contraire d'harmoniser les intérêts européens sous le contrôle et dans l'esprit de la S. D. N., en intégrant dans son système universel un système limité, d'autant plus effectif. La réalisation d'une organisation fédérative de l'Europe serait toujours rapportée à la S. D. N., comme un élément de progrès à son actif dont les nations extra-européennes elles-mêmes pourraient bénéficier.

Une telle conception ne peut laisser place à l'équivoque, pas plus que celle dont procédait, sur un terrain régional encore plus restreint, la négociation collective des accords de Locarno qui ont inauguré la vraie politique de coopération européenne.

En fait, certaines questions intéressent en propre l'Europe, pour lesquelles les États européens peuvent sentir le besoin d'une action propre, plus immédiate et plus directe, dans l'intérêt même de la paix, et pour lesquelles, au surplus, ils bénéficient d'une compétence propre, résultant de leurs affinités ethniques et de leur communauté de civilisation. La S. D. N. elle-même, dans l'exercice général de son activité, a eu plus d'une fois à tenir compte du fait de cette unité géographique que constitue l'Europe et à laquelle peuvent convenir des solutions communes dont on ne saurait imposer l'application au monde entier. Préparer et faciliter la coordination des activités proprement européennes de la S. D. N. serait précisément une des tâches de l'association envisagée.

Loin de constituer une nouvelle instance contentieuse pour le réglement des litiges, l'Association européenne, qui ne pourrait être appelée en pareille matière à exercer ses bons offices qu'à titre purement consultatif, serait sans qualité pour traiter au fond des problèmes particuliers dont le règlement a été confié, par le Pacte ou par les Traités, à une procédure spéciale de la S. D. N. ou à toute autre procédure expressément définie. Mais, dans les cas mêmes où il s'agirait d'une tâche essentielle réservée à la S. D. N., le lien fédéral entre États européens jouerait encore un rôle très utile en préparant l'atmosphère favorable aux règlements pacifiques de la Société ou en facilitant dans la pratique l'exécution de ses décisions.

Aussi bien le Représentant de la France a-t-il eu souci, dès le début, d'éviter toute ambiguité, lorsque, prenant l'initiative de la première réunion européenne, il a estimé qu'elle devait comprendre seulement les Représentants d'États membres de la S. D. N., et se tenir à Genève même, à l'occasion de la X⁰ Assemblée, c'est-à-dire dans l'atmosphère et dans le cadre de la S. D. N.

*
* *

Non plus qu'à la S. D. N., l'organisation européenne envisagée ne saurait s'opposer à aucun groupement ethnique, sur d'autres continents ou en Europe même, en dehors de la S. D. N.

L'œuvre de coordination européenne répond à des nécessités assez immédiates et assez vitales pour chercher sa fin en elle-même, dans un travail vraiment positif et qu'il ne peut être question de diriger, ni de laisser jamais diriger contre personne. Bien au contraire, cette œuvre devra être poursuivie en pleine confiance amicale, et souvent même en collaboration, avec tous autres États ou groupements d'États qui s'intéressent assez sincèrement à l'organisation universelle de la paix pour reconnaître l'intérêt d'une homogénéité plus grande de l'Europe, comprenant, au surplus, assez clairement les lois modernes de l'économie internationale pour rechercher, dans le meilleur aménagement d'une Europe simplifiée et par là même soustraite à la constante menace des conflits, les conditions de stabilité indispensables au développement de leurs propres échanges économiques.

La politique d'union européenne à laquelle doit tendre aujourd'hui la recherche d'un premier lien de solidarité entre Gouvernements d'Europe implique, en effet, une conception absolument contraire à celle qui a pu déterminer jadis, en Europe, la formation d'Unions douanières tendant à abolir les douanes intérieures pour élever aux limites de la communauté une barrière plus rigoureuse, c'est-à-dire à constituer en fait un instrument de lutte contre les États situés en dehors de ces Unions.

Une pareille conception serait incompatible avec les principes de la S. D. N. étroitement attachée à la notion d'universalité qui demeure son but et sa fin alors même qu'elle poursuit ou favorise des réalisation partielles.

* *

Il importe enfin de placer très nettement l'étude proposée sous cette conception générale, qu'en aucun cas et à aucun degré, l'institution du lien fédéral recherché entre Gouvernements européens ne saurait affecter en rien aucun des droits souverains des États membres d'une telle association de fait.

C'est sur le plan de la souveraineté absolue et de l'entière indépendance politique que doit être réalisée l'entente entre Nations européennes. Il serait d'ailleurs impossible d'imaginer la moindre pensée de domination politique au sein d'une organisation délibérément placée sous le contrôle de la S. D. N., dont les deux principes fondamentaux sont précisément la souveraineté des États et leur égalité de droits. Et avec les droits de souveraineté, n'est-ce pas le génie même de chaque nation qui peut trouver à s'affirmer encore plus consciemment, dans sa coopération particulière à l'œuvre collective, sous un régime d'Union fédérale pleinement compatible avec le respect des traditions et caractéristiques propres à chaque peuple?

* *

C'est sous la réserve de ces observations et en s'inspirant de la préoccupation générale rappelée au début de ce Memorandum que le Gouvernement de la République, conformément à la procédure arrêtée à la première réunion européenne du 9 septembre 1929, a l'honneur de soumettre aujourd'hui à l'examen des Gouvernements intéressés un relevé des différents points sur lesquels ils sont invités à formuler leur avis.

I.

NÉCESSITÉ D'UN PACTE D'ORDRE GÉNÉRAL, AUSSI ÉLÉMENTAIRE FÛT-IL, POUR AFFIRMER LE PRINCIPE DE L'UNION MORALE EUROPÉENNE ET CONSACRER SOLENNELLEMENT LE FAIT DE LA SOLIDARITÉ INSTITUÉE ENTRE ÉTATS EUROPÉENS.

Dans une formule aussi libérale que possible, mais indiquant clairement l'objectif essentiel de cette association au service de l'œuvre collective d'organisation pacifique de l'Europe, les Gouvernements signataires s'engageraient à prendre régulièrement contact, dans des réunions périodiques ou extraordinaires, pour examiner en commun toutes questions susceptibles d'intéresser au premier chef la communauté des peuples européens.

OBSERVATIONS.

1° Les Gouvernements signataires apparaissant ainsi liés à l'orientation générale d'une certaine politique commune, le principe de l'union européenne se trouverait désormais placé hors de toute discussion et au-dessus de toute procédure d'application quotidienne : l'étude des voies et moyens serait réservée à la Conférence européenne ou à l'organisme permanent qui serait appelé à constituer le lien vivant de solidarité entre nations européennes et à incarner ainsi la personnalité morale de l'union européenne.

2° Ce pacte initial et symbolique, sous le couvert duquel se poursuivraient dans la pratique la détermination, l'organisation et le développement des éléments constitutifs de l'association européenne, devrait être rédigé assez sommairement pour se borner à définir le rôle essentiel de cette association. (Il appartiendrait à l'avenir, s'il devait être favorable au développement de l'union européenne, de faciliter l'extension éventuelle de ce pacte de principe jusqu'à la conception d'une charte plus articulée.)

3° La rédaction du pacte européen devrait néanmoins tenir compte des réserves essentielles indiquées dans le présent memorandum. Il importerait en effet de définir le caractère de l'Europe, considérée comme une entente régionale répondant aux dispositions de l'article 21 du Pacte de la S. D. N. et exerçant son activité dans le cadre de la S. D. N. (Il serait précisé, notamment, que l'Association européenne ne saurait se substituer à la S. D. N. dans les tâches confiées à celle-ci par le Pacte ou par les Traités, et que, même dans son domaine propre d'organisation de l'Europe, elle devrait encore coordonner son activité particulière avec l'activité générale de la S. D. N.)

4° Pour mieux attester la subordination de l'Association européenne à la S. D. N., le pacte européen serait réservé, à l'origine, aux États européens membres de la Société.

II

NÉCESSITÉ D'UN MÉCANISME PROPRE À ASSURER À L'UNION EUROPÉENNE LES ORGANES INDISPENSABLES A L'ACCOMPLISSEMENT DE SA TÂCHE.

A. Nécessité d'un organe représentatif et responsable, sous forme d'institution régulière de la «Conférence européenne», composée des représentants de tous les Gouvernements européens membres de la S. D. N., et qui demeurerait l'organe directeur essentiel de l'Union européenne, en liaison avec la S. D. N.

Les pouvoirs de cette Conférence, l'organisation de sa présidence et de ses sessions, régulières ou extraordinaires, devraient être déterminés à la prochaine réunion des États européens, qui aura à délibérer sur les conclusions du rapport d'enquête et qui, sous réserve des approbations gouvernementales ou ratifications parlementaires indispensables, devra assurer la mise au point du projet d'organisation européenne.

OBSERVATION.

Afin d'éviter toute prédominance en faveur d'un des États d'Europe par rapport aux autres, la présidence de la Conférence européenne devrait être annuelle et exercée par roulement.

B. Nécessité d'un organe exécutif, sous forme de Comité politique permanent, composé seulement d'un certain nombre de Membres de la Conférence européenne et assurant pratiquement à l'Union européenne son organisme d'étude en même temps que son instrument d'action.

La composition et les pouvoirs du Comité européen, le mode de désignation de ses membres, l'organisation de sa présidence et de ses sessions, régulières ou extraordinaires, devraient être déterminés à la prochaine réunion des États européens. L'activité de ce Comité, comme celle de la Conférence, devant s'exercer dans le cadre de la S. D. N., ses réunions devraient avoir lieu à Genève même, où ses sessions régulières pourraient coïncider avec celles du Conseil de la S. D. N.

OBSERVATIONS.

1° En vue de soustraire le Comité européen à toute prédominance particulière, sa présidence devrait être exercée par roulement.

2° Le Comité ne pouvant comprendre qu'un nombre restreint de Représentant d'États européens membres de la S. D. N., garderait la possibilité d'inviter à tout momen les représentants des autres Gouvernements européens, faisant ou non partie de la S. D. N., qui seraient particulièrement intéressés à l'étude d'une question. Au surplus, la faculté lui serait formellement réservée, chaque fois qu'il le jugerait nécessaire ou opportun, d'inviter un représentant d'une Puissance extra-européenne, faisant ou non partie de la S. D. N., à assister, ou même à participer (avec voix consultative ou délibérative) aux délibérations portant sur une question où elle se trouverait intéressée.

3° Une des premières tâches du Comité pourrait comporter :

d'une part, l'examen général de toute procédure de réalisation et d'application du projet envisagé, conformément aux données essentielles de la consultation des Gouvernements, et la recherche, à cet effet, des voies et moyens tendant à dégager techniquement les éléments constitutifs de la future Union fédérale européenne;

d'autre part, l'inventaire général du programme de coopération européenne, comprenant :

a. l'étude des questions politiques, économiques, sociales et autres intéressant particulièrement la communauté européenne et non encore traitées par la S. D. N.

b. l'action particulière à exercer pour activer l'exécution par les Gouvernements européens des décisions générales de la S. D. N.

4° Le Comité, après adoption du programme général de coopération européenne, pourrait confier l'étude de certains chapitres à des comités techniques spéciaux, en s'assurant des conditions nécessaires pour que le travail des experts fût toujours maintenu sous le contrôle et l'impulsion immédiate de l'élément politique, émanation directe des Gouvernements, qui demeurent solidairement responsables de la poursuite de leur entreprise internationale et qui peuvent seuls en assurer le succès sur le plan politique où elle trouve sa justification supérieure. (A cet effet, la présidence des Comités techniques pourrait être confiée, dans chaque cas particulier, à un homme d'État européen choisi, soit dans le sein, soit en dehors du Comité politique européen.)

C. **Nécessité d'un service de sécrétariat**, aussi réduit fût-il à l'origine, pour assurer administrativement l'exécution des instructions du Président de la Conférence ou du Comité européen, les communications entre Gouvernements signataires du Pacte européen, les convocations de la Conférence ou du Comité, la préparation de leurs discussions, l'enregistrement et la notification de leurs résolutions, etc.

OBSERVATIONS.

1° Au début, le service de secrétariat pourrait être confié au Gouvernement chargé, par roulement, de la présidence du Comité européen.

2° Le jour où la nécessité serait reconnue d'un Secrétariat permanent, le siège de ce Secrétariat devrait être le même que celui des réunions de la Conférence et du Comité, c'est-à-dire Genève.

3° L'organisation du service de secrétariat devrait toujours être examinée en tenant compte des possibilités d'utilisation, au moins partielle et temporaire, de services particuliers du Secrétariat de la S. D. N.

III

NÉCESSITÉ D'ARRÊTER D'AVANCE LES DIRECTIVES ESSENTIELLES QUI DEVRONT DÉTERMINER LES CONCEPTIONS GÉNÉRALES DU COMITÉ EUROPÉEN ET LE GUIDER DANS SON TRAVAIL D'ÉTUDE POUR L'ÉLABORATION DU PROGRAMME D'ORGANISATION EUROPÉENNE.

(Ce troisième point pouvant être réservé à l'appréciation de la prochaine réunion européenne.)

A. Subordination générale du problème économique au problème politique.

Toute possibilité de progrès dans la voie de l'union économique étant rigoureusement déterminée par la question de sécurité et cette question elle-même étant intimement liée à celle du progrès réalisable dans la voie de l'union politique, c'est sur le plan politique que devrait être porté tout d'abord l'effort constructeur tendant à donner à l'Europe sa structure organique. C'est sur ce plan encore que devrait ensuite s'élaborer, dans ses grandes lignes, la politique économique de l'Europe, aussi bien que la politique douanière de chaque État européen en particulier.

Un ordre inverse ne serait pas seulement vain, il apparaîtrait aux nations les plus faibles comme susceptible de les exposer, sans garanties ni compensation, aux risques de domination politique pouvant résulter d'une domination industrielle des États les plus fortement organisés.

Il est donc logique et normal que les sacrifices économiques à faire à la collectivité ne puissent trouver leur justification que dans le développement d'une situation politique autorisant la confiance entre peuples et la pacification réelle des esprits. Et même après la réalisation d'une telle condition de fait, assurée par l'établissement d'un régime de constante et d'étroite association de paix entre peuples d'Europe, encore faudrait-il l'intervention, sur le plan politique, d'un sentiment supérieur des nécessités internationales pour imposer aux Membres de la communauté européenne, en faveur de la collectivité, la conception sincère et la poursuite effective d'une politique douanière vraiment libérale.

B. Conception de la coopération politique européenne comme devant tendre à cette fin essentielle : une fédération fondée sur l'idée d'union et non d'unité, c'est-à-dire assez souple pour respecter l'indépendance et la souveraineté nationale de chacun des États, tout en leur assurant à tous le bénéfice de la solidarité collective pour le règlement des questions politiques intéressant le sort de la communauté européenne ou celui d'un de ses Membres.

(Une telle conception pourrait impliquer, comme conséquence, le développement général pour l'Europe du système d'arbitrage et de sécurité, et l'extension progressive à toute la communauté européenne de la politique de garanties internationales inaugurée à Locarno, jusqu'à intégration des accords ou séries d'accords particuliers dans un système plus général.)

C. Conception de l'organisation économique de l'Europe comme devant tendre à cette fin essentielle : un rapprochement des économies européennes réalisé sous la responsabilité politique des Gouvernements solidaires.

À cet effet, les Gouvernements pourraient fixer eux-mêmes, définitivement, dans un acte d'ordre général et de principe qui constituerait un simple pacte de solidarité économique, le but qu'ils entendent assigner comme fin idéale à leur politique douanière (établissement d'un marché commun pour l'élévation au maximum du niveau de bien-être humain sur l'ensemble des territoires de la communauté européenne). À la faveur d'une telle orientation générale pourrait s'engager pratiquement la poursuite immédiate d'une organisation rationnelle de la production et des échanges européens, par voie de libération progressive et de simplification méthodique de la circulation des marchandises, des capitaux et des personnes, sous la seule réserve des besoins de la défense nationale dans chaque État.

Le principe même de cette politique douanière une fois consacré, et définitivement consacré, sur le plan de la politique générale des Gouvernements, l'étude des modalités et voies de réalisation pourrait être renvoyée tout entière à l'examen technique d'un Comité d'experts, dans les conditions prévues au titre II, B, observation 4.

IV

OPPORTUNITÉ DE RÉSERVER, SOIT À LA PROCHAINE CONFÉRENCE EUROPÉENNE, SOIT AU FUTUR COMITÉ EUROPÉEN, L'ÉTUDE DE TOUTES QUESTIONS D'APPLICATION,

dont les suivantes :

A. Détermination du champ de coopération européenne, notamment dans les domaines suivants :

1° *Économie générale.* — Réalisation effective, en Europe, du programme établi par la dernière Conférence économique de la S. D. N.; contrôle de la politique des unions et cartels industriels entre différents pays ; examen et préparation de toutes possibilités futures en matière d'abaissement progressif des tarifs, etc.

2° *Outillage économique.* — Réalisation d'une coordination entre les grands travaux publics exécutés par les États européens (routes à grand trafic automobile, canaux, etc.).

3° *Communications et transit.* — Par voie de terre, d'eau et d'air : réglementation et amélioration de la circulation inter-européenne; coordination des travaux des commissions fluviales européennes; ententes entre chemins de fer; régime européen des postes, télégraphes et téléphones; statut de la radio-diffusion, etc.

4° *Finances.* — Encouragement du crédit destiné à la mise en valeur des régions d'Europe économiquement moins développées; marché européen; questions monétaires, etc.

5° *Travail.* — Solution de certaines questions de travail particulières à l'Europe, telles que le travail dans la batellerie fluviale et dans les verreries; ayant un caractère continental ou régional, telles que la réglementation des conséquences sociales de l'émigration inter-européenne (application d'un pays à un autre des lois sur les accidents du travail, les assurances sociales, les retraites ouvrières, etc.).

6° *Hygiène.* — Généralisation de certaines méthodes d'hygiène expérimentées par l'organisation d'hygiène de la S. D. N. (notamment, régénération des régions agricoles; application de l'assurance-maladie; écoles nationales d'hygiène; épidémiologie européenne; échanges de renseignements et de fonctionnaires entre services nationaux d'hygiène; coopération scientifique et administrative dans la lutte contre les grands fléaux sociaux, contre les maladies professionnelles et la mortalité infantile; etc.).

7° *Coopération intellectuelle.* — Coopération par les universités et académies; relations littéraires et artistiques; concentration des recherches scientifiques; amélioration du régime de la presse dans les relations entre agences et dans le transport des journaux, etc.

8° *Rapports interparlementaires.* — Utilisation de l'organisation et des travaux de l'« Union Interparlementaire », pour le développement des contacts et échanges de vues entre milieux parlementaires des différents pays d'Europe (afin de préparer le terrain politique aux réalisations de l'Union européenne qui nécessiteraient des approbations parlementaires et, d'une façon générale, d'améliorer l'atmosphère internationale en Europe par la compréhension réciproque des intérêts et sentiments des peuples).

9° *Administration.* — Formation de sections européennes dans certains bureaux internationaux mondiaux.

. . . .

B. Détermination des méthodes de coopération européenne dans les questions que retiendrait la Conférence européenne ou le Comité européen.

Il pourrait être opportun, suivant les cas :

— soit de créer des organismes de coordination et d'étude là où ils n'existent pas (par exemple pour l'outillage européen ou pour les diverses Commissions fluviales européennes).

— soit de seconder les efforts de la S. D. N. dans les questions qui font déjà l'objet de ses études méthodiques (en préparant, notamment, par des échanges de vues et des négociations amiables, l'entrée en vigueur, dans les relations des États d'Europe, des conventions établies ou des recommandations formulées par la S. D. N.)

— soit enfin de provoquer des conférences, européennes ou générales, de la S. D. N. dans les questions susceptibles d'être traitées par elle, mais qui ne l'ont pas encore été. (A toute conférence européenne les États extra-européens seraient invités à se faire représenter par des observateurs et toute convention qui serait établie par une conférence convoquée à la demande des États d'Europe, pour autant qu'elle ne serait pas strictement continentale par son objet, demeurerait ouverte à l'adhésion des États extra-européens.)

C. Détermination de tous modes de collaboration entre l'Union européenne et les pays situés en dehors de cette union.

En sollicitant, sur les quatre points ci-dessus indiqués, l'avis des vingt-six Gouvernements européens dont il a reçu mandat d'enquête, le Gouvernement de la République tient à formuler cette observation générale, qu'il a cru devoir s'attacher, pour des raisons purement pratiques, à une conception aussi élémentaire que possible de sa consultation : non qu'il entende limiter, dans ses vœux, les possibilités de développement futur d'une organisation fédérale de l'Europe, mais parce que, dans l'état actuel du monde européen et pour accroître les chances d'assentiment unanime à une première proposition concrète, susceptible de concilier tous intérêts et toutes situations particulières en cause, il importe essentiellement de s'en tenir aux données initiales de quelques vues très simples. Aussi bien est-il de bonne méthode de procéder du plus simple au plus complexe, en s'en remettant au temps du soin d'assurer, avec la vie, par une évolution constante et par une sorte de création continue, le plein épanouissement des ressources naturelles que l'Union européenne pourrait porter en elle-même.

C'est une telle conception qui guidait déjà le Représentant de la France, quand, devant la première réunion européenne convoquée à Genève, il se bornait à suggérer, à titre immédiat, la recherche d'un simple lien fédéral à instituer entre Gouvernements européens membres de la S. D. N. pour assurer pratiquement leur coopération.

Il ne s'agit point, en effet, d'édifier de toutes pièces une construction idéale répondant abstraitement à tous les besoins logiques d'une vaste ébauche de mécanisme fédéral européen, mais, en se gardant au contraire de toute anticipation de l'esprit, de s'attacher pratiquement à la réalisation effective d'un premier mode de contact et de solidarité constante entre Gouvernements européens, pour le règlement en commun de tous problèmes intéressant l'organisation de la paix européenne et l'aménagement rationnel des forces vitales de l'Europe.

Le Gouvernement de la République attacherait du prix à recevoir avant le 15 juillet la réponse des Gouvernements consultés, avec toutes observations ou suggestions spontanées dont ils croiraient devoir accompagner leur communication. Il exprime le ferme espoir que ces réponses, inspirées du large souci de faire droit à l'attente des peuples et aux aspirations de la conscience européenne, fourniront les éléments d'entente et de conciliation permettant d'instituer, avec un premier embryon d'organisation fédérale, le cadre durable de cette coopération européenne dont le programme pourra être arrêté à la prochaine réunion de Genève.

L'heure n'a jamais été plus propice ni plus pressante pour l'inauguration d'une œuvre constructive en Europe. Le règlement des principaux problèmes, matériels et moraux, consécutifs à la dernière guerre aura bientôt libéré l'Europe nouvelle de ce qui grevait le plus lourdement sa psychologie, autant que son économie. Elle apparaît dès maintenant disponible pour un effort positif et qui réponde à un ordre nouveau. Heure décisive, où l'Europe attentive peut disposer elle-même de son propre destin.

S'unir pour vivre et prospérer : telle est la stricte nécessité devant laquelle se trouvent désormais les Nations d'Europe. Il semble que le sentiment des peuples se soit déjà clairement manifesté à ce sujet. Aux Gouvernements d'assumer aujourd'hui leurs responsabilités, sous peine d'abandonner au risque d'initiatives particulières et d'entreprises désordonnées le groupement de forces matérielles et morales dont il leur appartient de garder la maîtrise collective, au bénéfice de la communauté européenne autant que de l'humanité.

Paris, le 1er mai 1930.

III

RÉPONSES AU MEMORANDUM

SUR L'ORGANISATION

D'UN RÉGIME D'UNION FÉDÉRALE EUROPÉENNE

N° 1.

RÉPONSE DU GOUVERNEMENT ESPAGNOL.

(25 JUIN 1930.)

(*Traduction.*)

Le 9 septembre 1929, à Genève, M. Briand, représentant la France, a attiré l'attention des Délégués de tous les États européens qui font partie de la Société des Nations sur les avantages qu'offrirait une entente entre lesdits États en vue d'une sorte de lien fédéral qui établisse entre eux un régime de constante solidarité et leur permette. dans tous les cas ou cela serait nécessaire, d'entrer en contact immédiat pour l'étude, la discussion et le règlement des problèmes susceptibles de les intéresser en commun.

Les délégués s'engagèrent aussitôt à recommander à leurs Gouvernements respectifs l'étude de la question.

Le soin de préciser les points essentiels qui devraient faire l'objet de la dite étude ayant été confié, à l'unanimité, au Ministre des Affaires étrangères de la République Française, celui-ci s'est acquitté de cette tâche et, au nom de son Gouvernement, a soumis à la considération des autres Gouvernements un Memorandum sur l'organisation d'un régime d'Union fédérale européenne, qui fut présenté par M. l'Ambassadeur de France à Madrid le 17 mai dernier.

Ayant examiné ce Memorandum, le Gouvernement de Sa Majesté. afin de donner à cette affaire la suite prévue dans le délai fixé à cet effet, doit communiquer les remarques qu'il estime opportunes au Gouvernement de la République Française, chargé de recueillir les réponses de tous les Gouvernements intéressés et de résumer les conclusions de cette consultation en un nouvel exposé qui pourra être soumis aux délibérations d'une Conférence européenne à Genève, lors de la réunion de la prochaine Assemblée de la Société des Nations.

***

Le Gouvernement de Sa Majesté a examiné la question avec toute l'attention voulue et il a l'honneur de déclarer, en premier lieu, que, loin de revenir sur l'accueil favorable qu'il avait fait à l'idée exposée par M. Briand lors de la réunion à Genève au mois de septembre de l'année dernière, il continuera à donner à l'examen de cette idée une attention toujours plus grande, sans méconnaître l'importance des obstacles qu'elle rencontre, mais sans renoncer non plus aux espérances qu'elle fait apercevoir.

La crise politique et économique qui règne en Europe exige un remède adéquat à sa gravité. L'Espagne ne peut demeurer inerte devant les circonstances présentes ni encourir la responsabilité de se dérober au devoir d'examiner tout remède éventuellement soumis à sa considération.

*
* *

Le Gouvernement de Sa Majesté, décidé en principe à assister, avec tous les États, à la Conférence européenne qui, comme il a été dit, pourrait avoir lieu à Genève, en même temps que la prochaine Assemblée de la Société des Nations, tient dès maintenant, en rendant publique sa décision, à indiquer son point de vue, tant sur certaines des réserves faites par M. Briand lui-même que sur tous les points énumérés dans le Memorandum. Afin d'éviter toute équivoque, ce point de vue sera résumé comme suit :

1° Dans les circonstances présentes, l'Espagne considère comme une nécessité essentielle que tout système de coopération européenne s'harmonise au système de la Société des Nations et s'y encadre.

2° Les relations particulières de l'Espagne avec les pays hispano-américains l'obligent, non seulement à insister sur ce qui a été dit dans le paragraphe précédent dans la mesure ou cela concerne sa position et celle des dits pays au sein de la Société des Nations, mais aussi à réserver explicitement son opinion sur toute proposition qui, à son jugement, serait susceptible d'affecter, d'une façon quelconque, les liens que la communauté d'origine et de culture a établis entre elle et les pays hispano-américains, liens heureusement maintenus par les Gouvernements intéressés.

3° Il convient d'éviter soigneusement, ainsi que M. Briand l'indique, les mesures qui, sans être dirigées contre personne, peuvent affecter la confiance amicale ou entraver la collaboration avec d'autres États ou groupements d'États.

4° Le principe de la souveraineté absolue et de l'entière indépendance politique des États ne doit subir aucune atteinte.

5° Dans toute discussion relative à une Union européenne, l'Espagne ne peut pas ne pas tenir compte de ses intérêts de souveraineté et de protectorat en Afrique, non plus que de la situation spéciale qu'auraient, dans la dite Union, d'autres États en raison de leurs colonies dans d'autres continents.

6° Sous ces réserves, le Gouvernement de Sa Majesté accepterait, comme pacte initial et symbolique, de s'engager à prendre contact avec les autres États invités, dans des réunions périodiques ou extraordinaires, pour examiner ensemble toutes les questions susceptibles d'intéresser de façon primordiale la communauté des peuples européens.

7° La question de savoir s'il est nécessaire de créer un organe permanent, représentatif et responsable, composé des Délégués de tous les Gouvernements européens membres de la Société des Nations, devrait être réservée à la prochaine réunion projetée, comme le Memorandum le propose, pour la détermination des pouvoirs à conférer à cet organisme et de la présidence et de ses sessions, toujours sous la réserve des approbations ou ratifications gouvernementales ou parlementaires indispensables.

8° La haute importance évidente des observations contenues dans le Memorandum sur «la nécessité d'un organisme exécutif sous forme de Comité politique permanent», oblige à renvoyer aussi à la prochaine réunion non seulement tout ce qui concerne la composition dudit Comité, la désignation de ses membres, etc., comme le propose M. Briand, mais aussi et en premier lieu ce qui touche au principe de limitation dont s'inspire la proposition. On ne devra pas manquer de tenir compte de l'expérience acquise dans le fonctionnement de la Société des Nations, spécialement dans les relations entre le Conseil et l'Assemblée.

9° Le Gouvernement de Sa Majesté estime que rien ne s'oppose à ce que soient menés à bonne fin par la Société des Nations les premiers travaux qui, selon le Memorandum, pourraient être effectués par le susdit Comité, tant en vue de l'examen général de toute procédure de réalisation et d'application du projet soumis à son étude, que pour l'élaboration de l'inventaire général d'un programme de coopération européenne.

10° Il semble évident que, sans résoudre au préalable les questions que soulèvent les propositions relatives à l'«Organe représentatif» et à l'«Organe exécutif», on ne peut aborder l'examen de celles qui se rapportent au Secrétariat également proposé, sa résidence, à son organisation, etc.

11° Le Gouvernement de Sa Majesté, d'accord avec l'indication contenue dans le Mémorandum, à savoir que peut être réservé à l'appréciation de la prochaine réunion prévue le point relatif à la «nécessité d'arrêter d'avance les directives essentielles qui devront déterminer les conceptions du Comité européen et le guider dans son travail d'étude pour l'élaboration du programme d'organisation européenne», n'insisté pas davantage sur ce sujet, dont la grande importance ressort de la simple énumération des thèmes qu'il embrasse, à savoir : a. Subordination générale du problème économique au problème politique; b. Conception de la coopération politique européenne comme devant tendre à cette fin essentielle; c. Conception de l'organisation économique de l'Europe, tendant également à cette fin.

12° Le Gouvernement de Sa Majesté n'a également rien à objecter à l'opportunité, reconnue par M. Briand, de réserver à une prochaine Conférence européenne ou à un futur Comité européen l'étude de toutes les questions dites d'application, à savoir :

a. Détermination du champ de coopération européenne, notamment dans les domaines suivants : 1° Économie générale, 2° Outillage économique, 3° Communications et transit, 4° Finances, 5° Travail, 6° Hygiène, 7° Coopération intellectuelle, 8° Rapports interparlementaires;

b. Détermination des méthodes de coopération européenne;

c. Détermination de tous modes de collaboration.

Il est impossible de ne pas faire remarquer dès maintenant que toutes ces questions paraissent tout à fait de nature à être confiées à l'examen de la Société des Nations, sans qu'il soit besoin de recourir à des organismes similaires de création nouvelle.

*
* *

Le Gouvernement de Sa Majesté rend sous cette forme la réponse demandée par le Gouvernement de la République Française, croyant, comme ce dernier, opportun de limiter ainsi, pour le moment, les termes de la consultation. Conscient de la nécessité de procéder du simple au complexe, il partage également l'espoir que, au cours du temps, par un processus d'évolution constante et de création continue, l'idée d'une Union européenne aura le développement qu'elle porte en elle-même.

Le Gouvernement de la République Française peut être assuré que celui de Sa Majesté ne manquera pas, le cas échéant, de s'inspirer du plus vif désir de répondre aux nobles espoirs qui animent le Mémorandum formulé par M. Briand.

N° 2.

RÉPONSE DU GOUVERNEMENT NÉERLANDAIS.

(30 JUIN 1930.)

1. Le Gouvernement de la Reine a soumis à une étude très attentive le Memorandum présenté par le Gouvernement français sur l'organisation d'un régime d'Union fédérale européenne. Cette étude lui donne lieu actuellement aux réflexions suivantes.

Il lui semble qu'on ne saurait assez se rappeler les horreurs et les privations sans nombre que comporte la grande guerre et qu'on doit garder présente à l'esprit l'appréhension des conséquences funestes qu'entraînerait une nouvelle conflagration internationale. Tout effort sérieux tendant à en réduire la possibilité et à développer la coopération entre les nations peut, partant, être assuré de trouver auprès du Gouvernement de la Reine un accueil chaleureux. Aussi le Représentant des Pays-Bas s'est-il associé de plein cœur, à la réunion de Genève du 9 septembre 1929, aux vues des Représentants des autres Puissances qui se sont déclarés désireux de mettre à l'étude les propositions à formuler dans le Memorandum que le Représentant de la France avait bien voulu leur annoncer et qui contiendrait des précisions relatives à l'institution d'un régime permanent de solidarité conventionnelle pour l'organisation rationnelle de l'Europe. C'est dans le même esprit et avec le plus profond intérêt que le Gouvernement des Pays-Bas s'est voué à l'étude des idées présentées dans le Memorandum du Gouvernement français du 1er mai dernier.

2. Il semble au Gouvernement de la Reine que c'est à juste titre que le Memorandum parle de « la responsabilité collective en face du danger qui menace la paix européenne, au point de vue politique aussi bien qu'économique et social, du fait de l'état d'incoordination où se trouve encore l'économie générale de l'Europe ». Il estime que la coordination des forces économiques et morales de l'Europe est d'une importance primordiale pour toutes les Puissances de ce continent. Il lui paraît toutefois évident que cette œuvre de coordination ne saurait réussir que si les États sont prêts à limiter, dans une certaine mesure, — comme ils l'ont du reste déjà fait, notamment en concluant le Pacte de la Société des Nations — l'exercice de leurs droits souverains. Une conception de la souveraineté qui ne laisserait pas place à l'acceptation volontaire de certaines limitations du pouvoir des États devrait, à l'avis du Gouvernement de la Reine, être écartée comme incompatible avec la nature même des relations internationales.

3. Le Gouvernement néerlandais a été heureux de constater qu'à l'avis du Gouvernement de la République il faudra, en recherchant une formule de coopération européenne, éviter tout ce qui pourrait affaiblir l'autorité de la Société des Nations. Il est d'accord avec le Gouvernement français pour penser que l'orientation mondiale qui, -

depuis la guerre, s'est fait jour dans l'organisation de la communauté internationale n'est pas nécessairement incompatible avec des ententes d'envergure plus restreinte. Mais cela ne l'empêche pas de croire que chaque tentative entreprise pour constituer un groupement européen devra trouver sa justification dans sa contribution à l'organisation d'une communauté internationale universelle. Le Pacte de la Société des Nations se borne à admettre les ententes régionales pour autant qu'elles cadrent avec l'idée de cette association plus universelle. D'autre part, il convient de ne pas oublier que, même en s'inspirant de ce principe, un groupement par continent pourrait, dans la pratique, aggraver les différends entre les continents ou en créer de nouveaux. Si de nouvelles oppositions et des tensions nouvelles devaient en être la conséquence, on ne serait guère avancé par la coordination des intérêts européens, et l'on aurait mieux fait de ne pas s'écarter du chemin indiqué par le Pacte de la Société des Nations et tendant à harmoniser les intérêts opposés sur un plan mondial. Se rendant compte de l'interdépendance des nations du globe entier, le Gouvernement des Pays-Bas, qui d'ailleurs ne saurait perdre de vue que le Royaume ne comprend pas seulement le territoire en Europe, est d'avis qu'il s'agit ici d'un des côtés les plus difficiles du problème et qui doit être étudié avec la plus grande attention.

4. Dans cet ordre d'idées le Gouvernement néerlandais a pris connaissance avec une vive satisfaction de la déclaration du Gouvernement français qu'il s'agit dans l'espèce d'une « conception absolument contraire à celle qui a pu déterminer jadis, en Europe, la formation d'Unions douanières tendant à abolir les douanes intérieures pour élever aux limites de la communauté une barrière plus rigoureuse, c'est-à-dire à constituer en fait un instrument de lutte contre les États situés en dehors de ces Unions ». Le Gouvernement des Pays-Bas se rallie entièrement à cette manière de voir. Il lui serait impossible de collaborer à l'institution d'un instrument international de discrimination.

5. Il est évident qu'aucun projet d'union fédérale d'États ne pourra réussir que s'il est fondé sur la base solide d'une communauté d'intérêts. Or, il semble indiscutable que les États d'Europe ont en commun plusieurs intérêts, dont le maintien de la paix, la réduction des armements et une meilleure organisation des échanges sont peut-être les plus importants. Mais ici encore se pose la question de savoir si ces intérêts, tout en étant de la plus haute importance pour l'Europe proprement dite, ne le sont pas en même temps pour une sphère plus étendue, ou bien s'il y en a parmi eux qui ont un caractère européen marqué et qui pourraient servir de substratum à l'Union envisagée. Le Memorandum du Gouvernement français indique quelques-uns des éléments ici visés sans toutefois en donner une analyse. Il paraît indispensable au Gouvernement de la Reine que ce côté du problème soit mûrement étudié avant de créer les organes devant constituer l'armature de l'Union préconisée, une certaine unité géographique n'étant pas, à ses yeux, à elle seule une base adéquate.

6. Si l'examen poursuivi des éléments du problème mis à l'ordre du jour créait la conviction qu'une organisation fédérative de l'Europe, comme intégration partielle dans la sphère universelle de la Société des Nations, est possible et désirable, il serait essentiel, au point de vue néerlandais, que le groupement européen fût général. S'il

ne revêtait qu'un caractère partiel, il renfermerait un élément d'arbitraire qui ne saurait contribuer à la réussite de l'œuvre. Il serait même à craindre qu'il ne fût voué à l'échec si toutes les Puissances européennes, qui mutuellement entretiennent des relations politiques et économiques étroites, n'y prenaient pas part dans leur ensemble.

7. Quant aux directives essentielles qui devront déterminer l'organisation européenne, le Gouvernement français se place sur le point de vue de la subordination générale du problème économique au problème politique. Toute possibilité de progrès dans la voie de l'union économique étant à son avis rigoureusement déterminée par la question de sécurité, c'est sur le plan politique que devrait être porté tout d'abord l'effet constructeur tendant à donner à l'Europe sa structure organique. Une telle conception pourrait, selon l'opinion du Gouvernement de la République, impliquer, comme conséquence, le développement général pour l'Europe du système d'arbitrage et de sécurité, et l'extension progressive à toute la communauté européenne de la politique de garanties internationales inaugurée à Locarno, jusqu'à intégration des accords ou séries d'accords particuliers dans un système plus général. A cet égard le Gouvernement des Pays-Bas voudrait formuler dès maintenant ses réserves. Il ne croit pas qu'une réduction générale des tarifs douaniers doive être nécessairement précédée par la réalisation d'un accord dans le domaine purement politique à laquelle elle serait subordonnée.

L'abaissement des barrières douanières ne peut-il pas être poursuivi en même temps qu'une entente d'ordre politique ? La réalisation de cet abaissement serait de nature à mettre fin à une des menaces les plus sérieuses de la bonne entente entre nations et constituerait, par conséquent, lui-même un des principaux éléments pour l'avènement d'un régime de sécurité. Le Gouvernement néerlandais ne conteste nullement qu'à côté du désarmement économique il y ait lieu de garantir d'autres manières encore la sécurité politique; à Genève, il n'a pas manqué de faire preuve de sa volonté sincère de chercher de commun accord une solution de ce problème.

Le Gouvernement néerlandais se croit en devoir d'ajouter qu'il n'est pas convaincu qu'en limitant la question de la sécurité aux seuls États européens, la solution en sera beaucoup facilitée. Il n'a pas l'impression que les difficultés qui, jusqu'à présent, on entravé le succès des tentatives entreprises par la Société des Nations en cette matière, aient été causées ou augmentées par la présence des États non-européens.

8° Le Gouvernement de la Reine estime, pour le moment, devoir se borner à ces quelques observations. Il lui semble que le terrain n'est pas encore suffisammen préparé; des échanges de vues seront utiles et paraissent même nécessaires pour déter miner comment aller plus loin. Il désire témoigner encore une fois sa vive appréciation de l'initiative prise par le Gouvernement français. Cette initiative est une nouvelle manifestation de l'esprit de collaboration internationale, qui est toujours assuré de trouver auprès du Gouvernement de la Reine l'accueil le plus sympathique. Aussi, les difficultés que rencontrera inévitablement, dans l'état actuel du monde, la réalisation de cette initiative ne pourront que stimuler le Gouvernement des Pays-Bas à pousser plus loin l'étude des problèmes complexes que soulève cette grave question.

N° 3.

RÉPONSE DU GOUVERNEMENT FINLANDAIS.

(4 JUILLET 1930.)

OBSERVATIONS GÉNÉRALES.

Le Gouvernement de Finlande, qui a pris connaissance avec grand intérêt du Memorandum présenté par le Gouvernement français, en accueille l'idée générale avec une vive sympathie. Depuis longtemps déjà, il existe dans bien des domaines un esprit de coopération européenne; et dans la mesure où, ces derniers temps, les communications internationales se sont développées, cette communauté européenne a pris des formes toujours plus variées. Pour l'évolution future de notre continent, il serait certainement d'une importance toute spéciale que cette communauté fût développée davantage. Le Memorandum du Gouvernement français est à saluer comme un signe montrant qu'en Europe l'opinion commence à mûrir pour l'organisation d'une collaboration plus intime des peuples européens.

Le premier pas dans cette direction est d'éveiller une conscience nette de la communauté européenne. Le Gouvernement de Finlande constate avec une satisfaction bien vive que la pensée centrale du Memorandum du Gouvernement français est précisément de souligner le principe de l'union morale européenne.

La base la plus importante de la politique internationale actuelle est la Société des Nations, et bien que l'activité de celle-ci ait pu donner lieu à des critiques sur certains points, il faut travailler sans relâche à renforcer l'autorité de cette institution. Il est essentiel que, dès ses débuts, la future organisation européenne ait une relation claire avec la Société des Nations. C'est pourquoi la coopération européenne doit — comme le souligne le Memorandum du Gouvernement français — être organisée de manière telle qu'elle ne puisse aucunement affaiblir l'autorité de la Société des Nations ni en restreindre le champ d'action ou provoquer des difficultés pour l'activité de la Société; au contraire, elle devrait compléter et renforcer l'œuvre de celle-ci. Si les États européens se fédéraient de façon qu'ils eussent la possibilité de traiter quelques problèmes concernant spécialement notre continent avec une compétence basée sur les affinités de race et de civilisation, il pourrait en résulter un extension rationnelle de l'œuvre de la Société des Nations vers une organisation plus spécialisée. Pour réaliser cette organisation, le Gouvernement de Finlande estime nécessaire que la future union européenne soit organisée dans le cadre de la Société des Nations et qu'elle travaille dans la coopération la plus intime avec les organes de celle-ci.

Le Gouvernement de Finlande estime naturel qu'on cherche à faire participer à la collaboration européenne le plus grand nombre possible d'États appartenant géographiquement à l'Europe. De l'avis du Gouvernement de Finlande, une des conditions préalables de l'Union européenne projetée est tout particulièrement qu'au moins les États européens représentés de façon permanente au Conseil de la Société des Nations y adhèrent. En outre, pour la solidarité européenne, il serait important de réserver aux États européens qui peut être n'adhéreraient pas à l'union, l'occasion de prendre part à la collaboration européenne, dans la mesure où ils en ont l'intérêt et le désir, tout comme les États ne faisant pas partie de la Société des Nations ont participé de temps en temps aux travaux spéciaux de celle-ci.

Il est évident que l'Union européenne ne devrait être dirigée contre aucun autre continent ni contre aucun État ou groupement d'États en dehors de l'Union; et il est également naturel qu'elle devrait reposer sur le respect de la souveraineté et de l'égalité réciproque des États-membres, comme c'est le cas pour le régime juridique de la Société des Nations. Dans les différents pays de l'Europe, à la suite du caractère national et de l'évolution historique de chaque pays, les conditions sont fort différentes. Il importerait de respecter le particularisme des peuples, des petits comme des grands, la collaboration européenne se fondant sur les intérêts qui sont communs aux divers pays.

OBSERVATIONS CONCERNANT LES DIFFÉRENTS POINTS DU MEMORANDUM.

Après ces considérations d'ordre général, le Gouvernement finlandais a l'honneur de présenter quelques observations concernant les différents points spéciaux exposés dans le Memorandum du Gouvernement français.

I

Le Gouvernement finlandais envisage, en principe, avec sympathie l'idée de reconnaître officiellement, dès que les conditions seront propices, le principe de l'union morale européenne sous la forme d'un pacte européen d'ordre général. Il est évident que, dès l'abord, ce projet de pacte devrait être élaboré de manière fort sommaire.

II

Dans son Memorandum, le Gouvernement français a exposé des propositions très intéressantes au sujet de l'Union européenne. C'est le cas tout particulièrement pour le projet selon lequel la collaboration européenne s'effectuerait essentiellement sous la forme d'une Conférence annuelle des représentants des États-membres. La fondation d'une sorte de Secrétariat permanent chargé de préparer les travaux de la Conférence, d'assurer administrativement l'exécution des décisions de la Conférence et de fonctionner comme bureau central des États européens, pourrait probablement se révéler utile dans l'avenir. Par contre, le Gouvernement finlandais n'est pas convaincu qu'il y ait lieu d'envisager, à l'heure actuelle, l'établissement d'un Comité politique permanent qui, spécialement nommé à cette fin, serait l'organe exécutif de la collaboration européenne. Au lieu d'un tel Comité spécial, on pourrait, peut-être, envisager un système selon lequel le Ministre des Affaires étrangères du pays dont le représentant aurait été élu Président d'une Conférence, fonctionnerait jusqu'à la conférence suivante en qualité de Président de l'organisation européenne, et que lui et les représentants diplomatiques des États-membres accrédités dans son pays formeraient une sorte de Conseil de l'organisation dans les intervalles entre les Conférences. Ce système n'empêcherait pas, bien entendu, les Ministres des |Affaires étrangères, en cas de besoin, de prendre la place des représentants diplomatiques de leurs pays au cas où le Conseil serait saisi d'une question particulièrement intéressante.

III

Dès qu'un pacte conclu entre les États européens aurait affirmé le principe de l'union morale européenne, il serait possible de développer sur cette base la solidarité et la coopération politique entre les peuples — ce qui contribuera incontestablement à consolider la paix dans notre continent. Et, d'autre part, à mesure que la solidarité européenne se fortifiera, on pourra s'attendre à un progrès aussi dans le domaine de la collaboration économique internationale, où l'absence de cette base a provoqué, en dépit des espoirs éveillés par la Conférence économique internationale de 1927, une stagnation considérable, voire même un recul.

Considérant cependant que l'élaboration d'un programme d'organisation européenne demande une étude approfondie, à entreprendre d'un commun accord, en vue d'en fixer les bases et l'étendue, le Gouvernement finlandais est d'avis qu'il n'y a pas lieu d'entrer dès à présent dans un examen détaillé de la question concernant les directives essentielles de l'activité des organes projetés de l'Union européenne. Il se borne donc à ce sujet, d'une part à constater l'interdépendance existant toujours entre les problèmes politiques et les problèmes économiques, d'autre part à faire ressortir l'importance de la collaboration politique, bien qu'à son avis il ne soit pas encore possible, ni même nécessaire, de définir actuellement le mode d'organisation de cette collaboration et les domaines où celle-ci devrait s'étendre.

Toutefois, le Gouvernement finlandais désire d'ores et déjà attirer l'attention sur la question de savoir s'il n'y aurait pas lieu pour la future Union européenne d'envisager un examen des organes de conciliation et d'arbitrage, créés par des traités bilatéraux entre les États européens, afin de chercher à les développer et à les uniformiser.

IV

En ce qui concerne la détermination du champ et des méthodes de la coopération européenne, le Gouvernement français envisage dans son Memorandum l'opportunité de la réserver aux organes futurs de l'Union européenne, la Conférence ou le Comité permanent.

Dans plusieurs des domaines mentionnés dans le Memorandum, il existe déjà une certaine collaboration entre les États européens, mais il est souhaitable que cette activité soit mieux concentrée, organisée et développée. C'est pourquoi le Gouvernement finlandais envisage avec intérêt les questions exposées par le Gouvernement français et se borne, dans l'état actuel de la question, à relever qu'à son avis la liste des questions à étudier pourrait utilement être complétée par exemple en y ajoutant le problèm du régime des passeports.

CONCLUSION.

Tout en embrassant avec vive sympathie l'idée d'une collaboration plus intime entre les États européens — collaboration basée sur le principe de la solidarité et de l'union morale entre eux — le Gouvernement finlandais est d'avis qu'il serait peut-être prématuré de chercher à réaliser dès à présent des propositions concrètes sans les soumettre encore à une étude entreprise en commun. Se ralliant chaleureusement à l'idée de poursuivre cet automne, à l'occasion de la prochaine Assemblée de la Société des Nations, l'échange de vues sur la collaboration européenne, le Gouvernement finlandais exprime l'opinion que le plus favorable pour la grande idée dont s'inspire le Memorandum français serait de désigner alors une commission d'enquête composée de représentants soit de tous les États européens, soit de quelques-uns d'entre eux, et chargée d'étudier en détail le Memorandum du Gouvernement français et les avis donnés à ce sujet par les différents gouvernements.

Cette commission pourrait examiner à fond les conditions politiques, économiques, sociales et autres de la collaboration européenne, élaborer les projets qu'elle trouverait indiqués et envisager la création, au moment propice, des organes politiques et administratifs de l'organisation européenne. Le rapport et les conclusions de la commission seraient, en temps utile, soumis à l'examen des divers Gouvernements, en vue de leur permettre de prendre position vis-à-vis des propositions concrètes de la commission. Ainsi, à l'avis du Gouvernement finlandais, le premier pas serait-il pris vers la réalisation du but proposé par le Memorandum français, la consolidation de la paix et de la solidarité entre les peuples européens.

N° 4.

RÉPONSE DU GOUVERNEMENT ITALIEN.

(4 JUILLET 1930.)

(*Traduction*).

Le Gouvernement Fasciste a examiné avec le plus grand soin le Memorandum sur l'organisation d'un régime d'Union fédérale européenne, que le Gouvernement de la République Française lui a fait parvenir et qui représente le premier acte de cette procédure de consultation, que les Représentants des vingt-sept États européens Membres de la Société des Nations ont fixée dans la réunion de Genève du 9 septembre de l'année dernière. Le Gouvernement Fasciste est prêt à donner à cette procédure sa collaboration empressée, comme il l'a déjà donnée à toutes les initiatives qui ont pour but l'œuvre de la paix et de la reconstruction matérielle et morale de l'Europe.

En attendant, il est reconnaissant au Gouvernement de la République de l'occasion que ce dernier lui a offerte de se prononcer dès à présent sur un projet déterminé et de formuler quelques observations pour ce travail préliminaire d'éclaircissement des principes de la coopération européenne, travail préliminaire qui doit, comme le Gouvernement de la République l'a reconnu lui-même, précéder toute discussion collective.

I

Le Gouvernement Fasciste pense avant tout, et en cela il est d'accord avec le Gouvernement de la République, que tout système d'Union européenne devrait être compris comme un système de Coopération des États d'Europe «fondé sur l'idée d'Union et non pas sur l'idée d'Unité» et dans lequel par conséquent la souveraineté absolue et l'indépendance politique de tous les États membres seraient entièrement respectées. Il est même d'avis, que la formule employée dans le Memorandum du Gouvernement de la République: «l'institution du lien fédéral ne saurait affecter en rien aucun des droits souverains des États membres d'une telle association de fait» devrait avoir une application intégrale, et tendre surtout à garantir la protection des États moins grands, d'effacer les derniers vestiges de distinction entre les peuples vainqueurs et les peuples vaincus, de favoriser l'établissement de conditions d'égalité absolue entre tous les États.

Le Gouvernement Fasciste n'est pas moins convaincu d'ailleurs que n'importe quel projet d'Union fédérale européenne doit être harmonisé avec la structure et avec l'œuvre de la Société des Nations; et il semble même au Gouvernement Fasciste, comme on le dira plus loin, que ce problème est d'une importance si essentielle qu'il devra être résolu avant tous les autres. Le Gouvernement Fasciste ne partage pas, toutefois, l'opinion du Gouvernement de la République qu'il serait nécessaire, pour assurer la coordination de l'Union fédérale européenne avec la Société des Nations ou sa subordination à cette Société, de réserver, au début du moins, aux seuls États membres de la Société des Nations le droit d'accéder à l'Union.

Cette réserve, qui est certainement inadéquate au complexe et délicat problème des rapports entre l'Union fédérale européenne et la Société des Nations, semble au Gouvernement Fasciste être en contradiction avec les principes mêmes de l'Union fédérale européenne, et elle est certainement en contradiction avec les buts qui sont définis et indiqués dans le Memorandum du Gouvernement de la République. Selon ce qu'il est dit dans le Memorandum du Gouvernement de la République, l'Union fédérale européenne devrait se proposer le développement des possibilités de cohésion «dans le groupement des forces matérielles et morales de l'Europe» et un «rapprochement des économies européennes»; elle devrait se proposer de rémédier à la dispersion de forces, aux effets du morcellement économique que les Traités de paix, par l'établissement de nouvelles frontières politiques et de nouvelles barrières douanières, ont augmentés; elle devrait enfin se proposer la solution commune de problèmes techniques et «l'organisation rationnelle de l'Europe» fondée sur «une solidarité de fait» des peuples de l'Europe «que leur situation géographique» les «appelle à partager». Or, il semble au Gouvernement Fasciste que, pour atteindre ces buts, il est nécessaire, ou au moins désirable, qu'il y ait la participation de tous les Pays entre lesquels cette solidarité de fait existe; et il lui semble en outre, que cette participation est même nécessaire ou au moins désirable, précisément parce qu'il s'agit d'une solidarité de fait. C'est pourquoi le Gouvernement Fasciste fait remarquer au Gouvernement de la République l'utilité qu'il y aurait à proposer aux autres Gouvernements intéressés que le Gouvernement de l'Union des Républiques socialistes des Soviets et le Gouvernement de la République Turque soient invités à prendre part à la procédure d'élaboration du projet d'Union fédérale européenne, et précisément à la réunion qui aura lieu à Genève à l'occasion de la prochaine Assemblée de la Société des Nations.

Le Gouvernement Fasciste se sent engagé à présenter cette proposition en considération de ce que les États européens, qui désirent certainement la collaboration, dans le système de la Société des Nations, de l'Union des Républiques Socialistes des Soviets et de la République Turque, doivent faire leur possible pour ne pas préjuger de l'adhésion de ces deux pays à l'Union projetée, en les mettant devant le fait accompli d'une procédure commencée sans eux.

Le Gouvernement Fasciste croit que l'Union fédérale européenne n'est concevable que comme une Union de tous les États de l'Europe, ou au moins de tous les États dont la puissance économique et politique est un des facteurs déterminants de la vie de l'Europe. Car, s'il n'en était pas ainsi, l'Union européenne deviendrait un système d'un ou de plusieurs grands États coordonnés à un groupe d'États moins grands, et représenterait, non pas un régime de coordination, mais un régime de sécession européenne et la division de l'Europe en groupes et en systèmes qui seraient en opposition. Solidarité européenne doit donc signifier solidarité de toute l'Europe; c'est là un principe qui, s'il ne peut pas être poussé jusqu'aux dernières conséquences de la logique, doit être cependant respecté et pratiqué dans la mesure la plus large que les conditions objectives permettent.

II

Il y a toutefois un autre problème qui semble au Gouvernement Fasciste encore plus vaste et plus complexe, c'est celui que l'on pourrait appeler le problème constitutionnel de l'Union féférale européenne. Selon le Gouvernement Fasciste, il ne s'agit pas seulement de définir un système de solidarité et de cohésion européenne, mais il s'agit de définir un système qui soit parfaitement encadré dans un régime de solidarité et de cohésion mondiales.

Les liens qui unissent entre eux les Pays de continents divers ne sont pas, en effet, d'une importance moindre que ceux qui lient entre eux les Pays de l'Europe. L'Europe représente, il est vrai, une unité géographique qui peut être prise comme base pour la solution de problèmes techniques spécifiques des Pays européens entre eux, mais elle ne représente pas une unité qui puisse être isolée dans la solution des problèmes de l'organisation politique et économique du monde. La civilisation moderne n'est pas décomposable. Les progrès matériels et moraux qu'elle a réalisés ont déterminé, sur des bases effectives et complexes, une solidarité de fait intercontinentale entre les Nations. Et c'est précisément sur cette solidarité de fait, qui a un caractère universel, que s'appuie la Société des Nations.

L'œuvre de la Société des Nations n'est encore qu'à ses débuts. Quelque remarquables que soient les résultats qu'elle a atteints pendant ces dix années de vie, la Société des Nations a encore devant soi un travail vaste, complexe et difficile qu'elle doit développer. Pour que la Société des Nations puisse accomplir son œuvre, elle doit être protégée contre tous les dangers qui pourraient en affaiblir l'efficacité ou bien même en diminuer l'autorité et le prestige.

Or, le projet contenu dans le Memorandum du Gouvernement de la République est destiné, suivant les termes mêmes du Memorandum, à constituer un « régime permanent de solidarité conventionnelle pour l'organisation rationnelle de l'Europe » et un « lien de solidarité permettant aux Nations européennes de prendre enfin conscience de l'unité géographique européenne ». Ce projet définit en somme un groupement continental qui, au cas où il se formerait, pourrait, avec le temps, non seulement manifester une tendance à infirmer le principe d'universalité et d'interdépendance dans les phénomènes et les rapports politiques et économiques existant entre tous les peuples du monde, mais aussi à déterminer la formation d'autres groupements continentaux, ce qui compromettrait l'unité organique de la Société des Nations.

Et de toute façon il ne semblerait pas même possible au Gouvernement Fasciste que l'Union fédérale européenne pût reproduire la même organisation matérielle que celle de la Société des Nations. Selon le Gouvernement Fasciste, si l'Union fédérale européenne reproduisait sur une échelle moindre la Société des Nations, elle aggraverait, au lieu de le résoudre, le problème de ses rapports avec la Société des Nations. Et il semble que le Memorandum du Gouvernement de la République soit justement basé sur l'idée que l'Union fédérale doit être une reproduction européenne de la Société des Nations.

Selon le Gouvernement de la République, l'Union fédérale européenne devrait en effet avoir une organisation constitutionnelle semblable à celle de la Société des

Nations, à savoir : une Assemblée annuelle, à laquelle tous les États adhérents seraient représentés, un Conseil dont feraient partie seulement quelques membres de l'Assemblée, et un Secrétariat. Cette organisation, que de nombreux et justifiables motifs ont conseillé d'adopter pour la Société des Nations, ne semble pas au Gouvernement Fasciste adaptée pour un organisme du genre de celui que devrait être l'Union fédérale européenne.

Puisque l'on demande aux États qui viendraient à accéder à l'Union fédérale européenne de constituer entre eux un régime permanent de solidarité, il est juste qu'on leur garantisse à tous, sans en excepter aucun, une parfaite et permanente participation dans le fonctionnement constitutionnel de l'Union. La création d'un Conseil où ne siégeraient, soit même alternativement, que les Représentants de quelques-uns des États, tandis que la représentation absolue et totale se limiterait aux seules Assemblées annuelles ne donne pas, selon l'opinion du Gouvernement Fasciste, cette garantie, et elle met les États moins grands dans une position d'infériorité. Il est évident, en effet, que pour rester sur le terrain de la réalité, on ne pourra pas éviter que, comme cela est d'ailleurs déjà arrivé dans la constitution de la Société des Nations, les plus grands États européens n'aient, de droit et de fait, chacun un poste permanent dans le Conseil, alors que les autres postes seront l'objet d'une compétition entre les États moins grands. Il naîtra de la création de ce Conseil ainsi composé une classification hiérarchique des États que le Gouvernement Fasciste croit utile d'éviter, car cette classification entraînerait comme conséquence inévitable un affaiblissement de ce principe de l'intégrité absolue des droits souverains, que le Mémorandum du Gouvernement de la République a déclaré poser à la base même du projet d'Union fédérale européenne.

Le Gouvernement Fasciste est donc de l'avis que tous les États qui viendraient à accéder à l'Union fédérale européenne devraient avoir tous, sans exception, leur représentant permanent au Conseil et ce Conseil devrait être à son tour l'organe unique, délibératif et exécutif de l'Union fédérale.

III

Comme fondement des lignes essentielles de l'Union, le Gouvernement de la République a posé quelques principes qui relèvent de la conception même de l'Union et sur lesquels le Gouvernement Fasciste considère qu'un accord préliminaire bien net est indispensable.

Le Gouvernement de la République semble vouloir, pour arriver à une coordination européenne, subordonner quelque action que ce soit à une union précise obtenue dans le domaine politique; et c'est là une subordination qui, selon le Gouvernement de la République, est «rigoureusement déterminée par les exigences du problème de la sécurité». En d'autres termes, le Memorandum du Gouvernement de la République semble vouloir établir un rigide enchaînement logique entre la sécurité, l'Union fédérale européenne et le régime de solidarité économique dont les éléments se suivraient rigoureusement et, dans cet ordre, l'un après l'autre.

Or, le Gouvernement Fasciste ne croit pas pouvoir donner la même interprétation des prémisses et des buts de l'Union fédérale européenne, tels qu'ils sont exposés dans le Memorandum du Gouvernement de la République. Il est évident que le problème de la solidarité économique a des prémisses essentiellement politiques, mais il est également vrai que si l'Union fédérale européenne doit être encadrée dans le système de la Société des Nations, ces prémisses politiques ne peuvent être que celles qui sont à la base même du Pacte de la Société des Nations et ces prémisses ne sont pas seulement des prémisses de sécurité.

Le Pacte est un ensemble organique dans lequel sont considérés tous les éléments, ou au moins les plus importants, et toutes les méthodes qui doivent servir au maintien de la paix.

Le Pacte précise que ces méthodes sont la limitation des armements, la garantie contre les agressions, le règlement des controverses internationales, et le Pacte coordonne en outre les méthodes en un organisme de paix qui se présente ainsi comme un système organique basé sur le désarmement, sur l'arbitrage, sur la sécurité. C'est du développement harmonique de ce système que dépendent l'organisation de la paix, le fonctionnement de la Société des Nations, et par conséquent aussi les conditions fondamentales pour n'importe quel projet d'Union européenne.

Or, le Gouvernement Fasciste estime que, dans la phase d'organisation internationale à laquelle est arrivée l'Europe, ce développement ne doit pas consister dans un raidissement du système de la sécurité, mais qu'il doit consister dans l'exécution des engagements précis concernant le désarmement, qui ont été contractés dans le Pacte de la Société des Nations, par les États qui l'ont signé; engagements qui, tant qu'ils resteront inexécutés, menacent ce système de sécurité si péniblement édifié.

Le système de la sécurité, ou au moins un système de la sécurité existe déjà, et il est constitué par le Pacte de la Société des Nations, par le Pacte de renonciation à la guerre et par les Traités de Locarno. Cette triple garantie peut constituer, si elle est complétée par une réduction effective des armements, une barrière juridique, politique et morale contre la guerre, tandis qu'elle ne représente aucune garantie efficace, si cette barrière est ouverte aux courses aux armements et aux compétitions de force.

L'idée de la sécurité, prise dans son sens absolu, détermine l'idée de la nécessité des armements, et les armements ont toujours déterminé, dans tous les temps, la préoccupation, le soupçon, l'état de non sécurité de tous et de chacun, la mentalité du danger et de la défiance, l'esprit de guerre.

Si le but ultime des efforts que l'on veut accomplir dans la direction d'une Union fédérale européenne consiste vraiment dans une plus étroite coopération entre les Nations de l'Europe, il faut donc avant tout résoudre le problème de la réduction générale des armements. Le désarmement, ce principe essentiel qui, dans le Memorandum du Gouvernement de la République, n'est formulé ni expressément, ni incidemment, constitue, selon l'avis du Gouvernement Fasciste, le point de départ fondamental pour une œuvre efficace de cohésion morale entre les Nations, pour la solution intégrale du problème général de la sécurité, afin de donner une consistance pratique et une raison d'être élémentaire à n'importe quel projet d'Union fédérale européenne.

[illegible]
[illegible]
[illegible]
[illegible]
[illegible]

[illegible]
[illegible]

N° 5.

RÉPONSE DU GOUVERNEMENT AUTRICHIEN.
(5 JUILLET 1930.)

(*TRADUCTION.*)

Le Gouvernement Fédéral a reçu le Memorandum en date du 1er mai dernier sur l'organisation d'un régime d'Union fédérale européenne et en a fait l'objet d'études approfondies. En s'apprêtant à y formuler sa réponse, il tient tout d'abord à exprimer à Monsieur le Ministre des Affaires Étrangères de la République française ses félicitations pour la manière judicieuse avec laquelle il a développé le problème de l'association européenne et arrêté les directives susceptibles, à son avis, de rapprocher ce problème d'une solution.

L'état nullement satisfaisant dans lequel se trouve l'Europe de nos jours au point de vue politique aussi bien qu'économique n'est nulle part ressenti plus douloureusement et plus distinctement qu'en Europe centrale et nulle part jusqu'ici l'on ne s'est mis avec plus d'application à la recherche de moyens et d'expédients de nature à produire un soulagement à cet état. Si malgré tout, des succès importants ne sont jusqu'à présent pas à signaler, la cause, à l'avis du Gouvernement Fédéral, en est due au fait que tous les efforts déployés jusqu'ici sont restés isolés et, vu le manque d'une cohésion et d'une conception politique plus larges et plus générales, ne tendaient à remédier qu'à certains symptômes et n'abordaient pas la solution, soit universelle, soit régionale, du problème politique et économique général.

Or, si le Memorandum du 1er mai se propose d'établir cette cohésion manquante par un essor général qui tendrait à arriver à une association des peuples de l'Europe et qui leur révélerait les liens de solidarité morale qui les unissent fatalement, essor qui, en introduisant dans le groupement des forces un nouvel élément, serait de la plus grande importance morale pour le futur développement intellectuel et politique des peuples, le Gouvernement Fédéral croit y pouvoir donner son plein et entier consentement et l'Autriche ne se tiendrait, pour sûr, pas à l'écart, si l'opportunité d'un pacte devant exprimer pour la première fois cet essor était généralement reconnue.

Si, çà et là, la crainte surgissait que l'union établie par un tel pacte ne constituât un instrument de lutte et une menace dirigée contre États ou groupements d'États qui resteraient en dehors de l'union, le Gouvernement Fédéral est convaincu que l'Union, dès le premier jour de son existence, prendra à cœur de dissiper cette crainte de la manière la plus évidente et la plus concluante. Afin d'éviter dès l'abord, autant que possible, de pareilles tensions, il importerait de faire participer à la coopération européenne le plus grand nombre possible d'États et d'offrir la possibilité d'une collaboration constante et bienveillante aux États qui finalement resteraient en dehors de l'Union, mais dont la vie économique et politique est intimement liée avec celle des membres de la future Union. Une telle politique s'imposera, abstraction faite de toutes autres considérations, du fait qu'elle serait dans l'intérêt primordial de l'existence de l'Union elle-même; car les liens établis entre les membres de l'Union et les États situés par la nature des choses en dehors de l'Union, sont trop anciens et trop intimes pour ne pas l'emporter, en cas de conflits, sur les liens nouveaux et légers que l'Union aura créés.

Il en est de même des rapports de l'Union avec la Société des Nations qui, d'après les points de vue précisés dans le Memorandum et partagés à tous égards par le Gouvernement Fédéral, doit conserver son rôle d'organe suprême, statuant en dernier ressort, de l'œuvre de pacification et de coordination européenne. En effet, la Société des Nations réunit, dans son excellente organisation et par sa haute autorité morale, des possibilités uniques pour l'accomplissement de la tâche universelle qui lui est confiée, de sorte qu'une élimination, ne serait-ce que partielle, de la Société des Nations comporterait les plus graves préjudices en la matière. Le Gouvernement Fédéral est donc heureux de pouvoir constater de par de nombreuses indications contenues dans le Memorandum du 1er mai que le Gouvernement Français, de même que le Gouvernement Fédéral, est convaincu que l'Union devra non seulement être liée avec la Société des Nations, tant au point de vue juridique en se prévalant de l'article 21 du Pacte, que dans la pratique, par son siège, mais pourra aussi être intégrée organiquement dans la Société des Nations qui, de la sorte, disposerait d'un nouveau mécanisme approprié aux tâches purement européennes de la Société des Nations et qui, de ce fait, se verrait munie de nouveaux moyens pour poursuivre ses hauts buts d'une manière plus efficace encore que par le passé.

Le Memorandum prévoit : l'organisation d'une Conférence européenne, d'un Comité politique permanent et d'un Service de Secrétariat qui devrait toujours tenir compte des possibilités d'utilisation des services du Secrétariat de la Société des Nations. Or, à l'avis du Gouvernement fédéral, il pourrait toutefois paraître nécessaire d'instituer peut-être pour certaines affaires présidentielles de l'Union européenne un petit service spécial de secrétariat. Pour ce qui est cependant de l'activité substantielle qui incomberait au secrétariat, elle cadre à peu près complètement avec les travaux incombant déjà actuellement au Secrétariat de la Société des Nations. Cette manière de voir du Gouvernement Fédéral est affermie par l'énumération des tâches qui, selon le Memorandum, seraient à attribuer au domaine de la coopération européenne. Ces tâches ont — à peu d'exceptions près — déjà formé l'objet d'études minutieuses de la part des organes de la Société des Nations et spécialement de la part de son Secrétariat. Il est vrai que ces études, conformément au caractère universel de la Société des Nations, n'ont jusqu'ici été faites que sur un plan tout à fait général. Mais le matériel produit et celui qui est en cours de préparation comprend, dans son cadre universel, naturellement aussi les problèmes européens. Il n'y aurait pas de difficultés sérieuses à dégager de ce matériel universel, pour les besoins de l'Union européenne, les problèmes purement européens et le côté européen des problèmes universels.

La question de savoir si le Secrétariat de la Société des Nations est qualifié pour assumer de pareilles tâches qui ne concernent qu'un groupement régional d'États pourrait être posée. Il y a lieu de faire remarquer à ce sujet que les organes de la Société des Nations et le Secrétariat se sont à maintes reprises occupés de questions qui, par la nature des choses, ne pouvaient intéresser qu'un nombre plus ou moins restreint des membres de la Société des Nations. On pourrait citer entre autres — abstraction faite des actions particulières entreprises dans le domaine financier et qui, bien que de caractère local, étaient pourtant d'un intérêt politique d'ordre universel éminent — bien des enquêtes d'ordre social et hygiénique faites par la Société des Nations et qui avaient pour objet des intérêts essentiellement locaux et souvent même purement extra-européens. Il n'y aurait donc rien à opposer à ce que le Secrétariat de la Société des Nations s'occupât dorénavant, en ce qui concerne les matières rentrant dans le domaine de la coopération européenne, des intérêts particuliers que présentent pour l'Europe les questions dont il est déjà saisi.

Les résultats de cette activité du Secrétariat seraient ensuite soumis (le cas échéant par la voie de comités techniques) au Comité Permanent. Le Gouvernement Fédéral, ne pouvant se faire à l'heure qu'il est une image exacte des prochaines questions à résoudre par une coopération européenne, estime ne pas être à même de prendre position au sujet de la question de la nécessité et de l'opportunité de cet organe. Si pourtant, après adoption du programme général de coopération européenne, la nécessité se présentait d'instituer, outre la Conférence européenne, un organe exécutif, il importerait, à l'avis du Gouvernement Fédéral, que le Comité Permanent occupât vis-à-vis du Conseil de la Société des Nations une position à peu près égale à celle qu'occupait dans le temps le «Comité Autriche» lors des délibérations relatives à l'emprunt garanti 1923-1943 du Gouvernement autrichien ou d'autres comités analogues au sein desquels les Puissances intéressées se sont réunies qu'elles fussent, ou non, membres du Conseil. Il importerait donc qu'un tel «Comité d'Europe», sans égards à la coïncidence de ses sessions avec celles du Conseil de la Société des Nations, restât, dans le roulement de sa composition, indépendant des règles en vigueur pour la constitution du Conseil de la Société des Nations.

L'élaboration et l'exécution du programme de l'Union incomberaient à la Conférence européenne qui, aux termes du Memorandum, devra se constituer lors de la XIᵉ Assemblée de la Société des Nations. Les pouvoirs de cette Conférence composée de Représentants responsables de tous les États européens devraient utilement dériver d'une résolution y relative prise par l'Assemblée de la Société des Nations, ce qui correspondrait non seulement à l'idée que la suprême autorité dans toutes les questions relatives à la pacification et à l'organisation du monde revînt à la communauté des États représentés dans l'assemblée de la Société des Nations, mais garantirait aussi que la tentative d'arriver à une coopération européenne plus étroite fût considérée par les membres extra-européens de la Société des Nations comme désirable et jouît de leur sympathie opérante. Dans cet ordre d'idées et pour expliquer par analogie la procédure que conçoit le Gouvernement Fédéral, il y a lieu de se référer à la Conférence préliminaire en vue d'une action économique concertée qui a été tenue à Genève, du 17 février au 24 mars 1930, en vertu d'une résolution de la Xᵉ Assemblée de la Société des Nations et qui constitue un exemple de la possibilité de traiter, dans le cadre de la Société des Nations, au sein d'une conférence essentiellement européenne, les questions intéressant en première ligne l'Europe, et de faire en même temps le nécessaire pour arriver à une entente avec les pays extra-européens.

Le Gouvernement Fédéral croit donc, au sens de ce qui précède, que le mécanisme prévu dans le Memorandum pour l'Union européenne pourrait et devrait être intégré, en pleine harmonie avec la Société des Nations, dans le mécanisme génevois.

En ce qui concerne les méthodes proposées dans le Memorandum, le Gouvernement Fédéral estime — sans vouloir méconnaître l'influence avantageuse sur les progrès de l'œuvre de coordination politique de succès obtenus dans le domaine de l'enlacement des relations économiques internationales — que le pas décisif vers le développement et l'organisation rationnels des forces économiques de l'Europe ne pourra sans aucun doute être fait que lorsque la possibilité d'une guerre entre pays de l'Europe sera définitivement écartée. Les succès satisfaisants du règlement de la paix en Europe, spécialement le Pacte de la Société des Nations, les Accords de Locarno et de la Haye et le Pacte contre la guerre constituent pour sûr un grand pas en avant vers une pacification durable et définitive de notre continent ; mais il existe toujours des problèmes politiques de premier ordre qui — d'après le principe de la pleine égalité des droits de tous les membres de la famille des États et des peuples européens — devront être résolus dans un nouvel esprit européen et, le cas échéant, d'après des méthodes nouvelles à établir, pour que la paix européenne puisse être considérée comme assurée et garantie contre toutes les adversités possibles. La préparation au point de vue intellectuel, politique et technique de ces solutions en liaison intime avec la Société des Nations constituera une des tâches principales du mécanisme de l'Union à créer, tâche qui devra être accomplie sous la direction politique et le contrôle permanents des gouvernements européens.

Mais, outre ces grandes questions politiques qui visent l'avenir de notre continent, il y a des questions qui réclament des solutions immédiates et qui, en partie, sont déjà assez avancées pour être réglées. Ce seront tout d'abord, pour la plupart, des questions d'ordre économique, telles qu'elles sont énumérées au IVe point et dont le nombre pourra aisément s'augmenter. C'est en effet sur ce domaine que le besoin d'une exploitation rationnelle des forces vitales de ce continent est ressenti le plus directement et le plus distinctement. Des travaux préparatoires importants ont déjà été accomplis dans ce domaine et il y a lieu d'espérer d'en voir réalisés bien d'autres encore.

Ce n'est que si les Gouvernements des différents États, conscients de la nécessité impérieuse d'arriver à des résultats positifs, encouragent activement et poursuivent avec énergie ces travaux économiques, que cet espoir ne sera pas déçu. Ces travaux ne devraient donc pas rester confiés aux experts qui, par la nature des choses, ne sont que trop influencés par les exigences momentanées de leurs milieux économiques nationaux, mais ils devraient être concentrés entre les mains des hommes politiques les plus représentatifs des différents gouvernements, desquels seuls on peut attendre et même exiger qu'ils poursuivent ces travaux dans un esprit qui, étant capable de s'élever au-dessus des nécessités apparentes du moment, servira le mieux les vrais intérêts nationaux de même que ceux de l'association européenne.

Dans ce sens, le Gouvernement Fédéral collaborerait volontiers et de son mieux, dans l'esprit de la conciliation et de la solidarité européenne, à la grande œuvre de coordination européenne à laquelle le Ministre français des Affaires Étrangères a invité les peuples et les gouvernements européens à participer. Le Gouvernement Fédéral croit devoir une telle collaboration sincère et loyale tant aux sacrifices innombrables qu'un passé aux plaies encore douloureuses a imposé aux peuples européens qu'aux générations à venir qui ont un droit à s'attendre à ce que le terrain pour un avenir plus sain et plus serein leur soit aplani par les hommes du présent.

N° 6.

RÉPONSE DU GOUVERNEMENT ESTONIEN.

(8 JUILLET 1930.)

Le Gouvernement de la République Estonienne a examiné avec toute l'attention que comporte l'importance du problème le Memorandum sur l'organisation d'un régime d'Union fédérale européenne que le Gouvernement français lui a bien voulu remettre le 17 mai dernier.

L'appui du Gouvernement de la République a toujours été acquis à toute action tendant à l'amélioration des rapports politiques, économiques et culturels entre les différentes parties de l'Europe. Il a accueilli avec empressement tout projet incitant à rechercher les moyens susceptibles de rendre plus intense le sentiment de communauté et de solidarité entre les États européens, de créer ainsi une base solide pour une collaboration efficace et pratique entre les nations européennes et de garantir ainsi à l'Europe un avenir meilleur.

I

Le Gouvernement de la République estime que le Memorandum français présente en ce qui concerne la méthode du travail à poursuivre dans le but projeté, des suggestions dont la valeur ne saurait être méconnue. Il est d'accord, en principe, à s'engager à «prendre régulièrement contact, dans des réunions périodiques ou extraordinaires, pour examiner en commun toutes questions susceptibles d'intéresser au premier chef la communauté des peuples européens». Pour que ces réunions puissent aboutir aux résultats désirés, pour qu'elles puissent garantir aux valeurs culturelles de l'Europe inspirée de vieilles traditions non seulement le maintien de leur caractère original, mais encore leur créer des possibilités d'une évolution normale et féconde, et pour diriger la volonté unanime des peuples européens vers la réalisation des tâches précisées dans le Memorandum, il importe d'assurer à l'organisation projetée la collaboration de tous les peuples de l'Europe. Il doit être entendu, comme le souligne avec beaucoup de raison le Memorandum, que le développement entre les États de l'Europe d'un sentiment plus ferme de la communauté de leurs intérêts moraux et matériels ne doit pas avoir pour conséquence d'opposer la nouvelle organisation à d'autres groupements ethniques. Le Gouvernement estonien tient à souligner out particulièrement que la nouvelle organisation ne doit pas restreindre en quoi que ce soit l'activité normale de la Société des Nations, organisation plus universelle; en outre, elle ne devrait pas diminuer pour l'activité de la Société des Nations l'intérêt des États extra-européens, dont la collaboration dans les questions intéressant tous les membres de la Société des Nations ou les États européens en particulier, a souvent été d'une grande importance.

II

En ce qui concerne les organes à créer pour assurer à l'Union européenne les possibilités d'un travail utile et fécond, le Gouvernement estonien ne se voit pas à même d'émettre dès à présent une opinion définitive à ce sujet. Il lui semble qu'au commencement et dans l'état actuel des choses il serait prudent de se borner à créer un organe représentatif sous la forme d'une « Conférence européenne », proposée par le Memorandum. L'avenir et la marche pratique des travaux montreront quels seront les organes dont la création se recommanderait comme utile et nécessaire.

III

Quant au programme établi dans la III° partie du Memorandum, le Gouvernement de la République reconnaît l'importance de la thèse suivant laquelle le problème économique serait à envisager comme subordonné au problème politique. Il estime néanmoins que les sacrifices économiques à faire à la collectivité ne sauraient être justifiés que dans le cas où le système éventuel des engagements internationaux embrassant les États européens, sans se borner à l'organisation politique de l'Europe, réglerait également, d'une manière aussi satisfaisante que possible, les rapports économiques entre ses différentes parties.

IV

Enfin, le Gouvernement estonien estime que pour la fixation du programme des travaux futurs et de l'ordre dans lequel les questions énumérées dans la IV° partie du Memorandum pourraient être utilement discutées, la première Conférence européenne offrira la meilleure opportunité. Le Gouvernement de la République ne manquera pas de donner à la délégation qui le représentera à cette Conférence des instructions précises. Il espère en même temps que la généreuse initiative du Gouvernement français, d'entraîner dans un même élan de collaboration tous les États européens, trouvera auprès des Gouvernements respectifs un écho favorable, en stimulant ainsi la volonté unanime à se consacrer à la réalisation des hautes tâches précisées dans le Memorandum.

N° 7.

RÉPONSE DU GOUVERNEMENT ROUMAIN.

(8 JUILLET 1930.)

1. Le Gouvernement roumain ayant étudié le Memorandum présenté par le Gouvernement de la République Française sur l'organisation d'un régime d'Union fépérale européenne, est heureux de constater qu'il est d'accord avec les principes pgpso par ce Memorandum et déclare qu'il prêtera tout son concours pour la réalisation du projet d'Union fédérale européenne.

2. La nécessité impérieuse d'éviter aux peuples les convulsions funestes des guerres, susceptibles de faire sombrer la civilisation même, impose aux nations civilisées le devoir de travailler de toutes leurs forces à la consolidation de la paix.

Cette consolidation, ainsi que la prospérité constante des peuples, ne sauraient être définitivement assurées que par une coopération active et permanente des Nations sur le terrain politique et sur le terrain économique.

Il faut tendre, certes, à une coopération universelle, et c'est là, d'ailleurs, la mission de la Société des Nations.

Mais la réalisation d'une coopération politique et économique régionale — comme celle qui est proposée — est de nature à aider puissamment la réalisation des buts de la Société des Nations et peut servir comme point d'appui à une vaste collaboration harmonieuse des peuples rompant à tout jamais avec un passé d'isolement et de haine.

La Roumanie considère comme un devoir de prêter son concours à cette œuvre généreuse et grandiose.

3° Il résulte de ce que nous venons de dire, et d'ailleurs le Memorandum du Gouvernement français le dit expressément, que le projet proposé doit se réaliser dan le cadre de la Société des Nations.

Cela est naturel, car autrement l'Union fédérale européenne tendrait à se substituer à la Société des Nations ou à la supplanter.

Mais le principe de l'intégration de l'Union fédérale européenne dans le cadre de la Société des Nations est essentiel aussi à un autre point de vue.

En effet, c'est seulement dans ce cadre que l'organisation projetée reposerait sur une base précise et reconnue par tous les pays membres de la Société des Nations, c'est-à-dire sur le respect des traités, sur l'intégrité territoriale des États, sur leur indépendance, leur souveraineté et leur égalité.

4. La crise économique profonde qui est devenue presque générale réclame des remèdes urgents et, d'autre part, a fait passer au premier plan les problèmes économiques dans les préoccupations de la plupart des pays.

Sans contester la valeur du principe de la subordination générale du problème économique au problème politique, il semble qu'on ne doive pas en déduire que la collaboration économique ne pourrait s'organiser sans une coopération politique préalable. Une entente politique très souple serait, nous semble-t-il, suffisante pour permettre d'organiser une collaboration étroite dans le domaine économique.

5. En ce qui concerne les éléments d'organisation représentative et exécutive proposés par le Memorandum, le Gouvernement roumain est d'avis que, pour commencer, en dehors de la Conférence européenne qui se réunira périodiquement, il suffirait de créer un Secrétariat provisoire, avec la mission spéciale de réunir toute la documentation et d'étudier les problèmes visés par le Memorandum et autres problèmes indiqués par les divers États.

Le résultat de ces études serait soumis à la Conférence européenne de l'année prochaine.

6. Le Gouvernement roumain, décidé à participer à la Conférence qui doit se réunir à Genève en septembre, au moment de l'Assemblée générale de la Société des Nations, se réserve d'examiner alors les suggestions concrètes du Memorandum ainsi que les propositions qui seraient faites par d'autres Gouvernements.

Il est convaincu que le projet d'Union fédérale proposé par le Gouvernement français marquera le commencement d'une ère nouvelle dans la vie internationale. La réalisation graduelle de ce projet établissant une collaboration harmonieuse des peuples, préparera aux nations civilisées un avenir de fraternité et de bonheur.

N° 8.

RÉPONSE DU GOUVERNEMENT POLONAIS.

(10 JUILLET 1930.)

Le Gouvernement polonais, qui a toujours attaché la plus grande importance aux efforts tendant au resserrement des liens de solidarité européenne, ayant pris connaissance du Memorandum du Gouvernement français du 17 mai 1930 au sujet de l'organisation d'un régime d'Union européenne, ne peut que se réjouir vivement de cette heureuse initiative à laquelle il désire apporter son concours le plus cordial. Les déclarations de M. Briand à ce sujet à la X\u1d49 Assemblée de la Société des Nations, suivies de la décision unanime de 27 États de confier au Représentant de la France le soin de préciser les points essentiels de l'organisation projetée et qui viennent d'être exposées dans le Memorandum du 17 mai, ont fait passer le problème de l'Union européenne sur le terrain de la réalité politique. La Pologne qui, lors de la X\u1d49 Assemblée, s'est entièrement associée aux projets de M. Briand, adhère dès à présent à l'idée d'une Union européenne et se déclare prête à participer aux travaux préparatoires que la 1\u02b3\u1d49 Conférence européenne jugera nécessaire d'entreprendre.

Le Gouvernement polonais, d'accord avec l'idée fondamentale du Memorandum, considère que l'Union européenne devrait être basée sur la sécurité, garantie également à tous les États, ainsi que sur le respect de leur intégrité et de leur indépendance politique. Afin de créer un esprit de mutuelle confiance il serait peut-être opportun, en organisant l'Union européenne, de s'inspirer de l'ensemble des principes qui ont formé la base du Protocole de Genève.

En réalisant de cette façon une unité de vues sur l'essence même de la vie politique de l'Europe, les États européens pourraient s'entendre plus facilement sur d'autres problèmes d'intérêt commun, par exemple dans le domaine économique. Ceci correspondrait aussi à l'idée du Memorandum que l'Union européenne devrait préparer la voie au rapprochement économique en s'occupant d'abord du problème de la sécurité politique.

Le Gouvernement polonais partage l'avis que l'Union européenne devra s'occuper aussi des problèmes énumérés à titre indicatif dans le memorandum français et intéressant particulièrement les nations européennes du fait de leur voisinage sur le même continent.

Le Memorandum souligne le fait que l'Union européenne ne saurait être dirigée contre aucune nation, ni aucun groupe de nations. C'est là un principe qui, de l'avis du Gouvernement polonais, est incontestable. En effet celui-ci ne pourrait prêter son concours à une organisation dont les buts seraient incompatibles avec l'idée de la coopération internationale. L'idée même de l'union des États européens est conçue de façon à servir l'œuvre de la coopération universelle par le fait d'une plus grande harmonie parmi les peuples d'Europe.

Il est également évident que l'Union ne saurait être conçue que comme une entente régionale dans le cadre du Pacte de la Société des Nations, qui est et restera toujours la loi suprême pour tous les membres de la Société. L'Union aurait, de l'avis du Gouvernement polonais, pour but de préparer par la solution des questions d'ordre européen une exécution plus effective des obligations du Pacte. La création de l'Union sur cette base, au lieu d'affaiblir, pourrait fortifier l'organisme de la Société des Nations.

Le Gouvernement polonais n'est pas encore en mesure de répondre à toutes les questions contenues dans le Memorandum français en proposant dès à présent des suggestions de détail. Une discussion générale à la Conférence des États européens prévue au mois de septembre prochain permettra certainement de dégager des indications utiles pour la marche des travaux préparatoires ultérieurs. La Conférence pourrait ensuite nommer un Comité d'études qui aurait à examiner le problème et présenterait ses suggestions aux Gouvernements des États européens. Ainsi, aux réunions suivantes, on pourrait aborder le problème de la création de l'Union européenne en toute connaissance de cause. Cependant le Gouvernement polonais accepterait toute autre procédure qui rencontrerait l'adhésion des États intéressés, réunis en septembre prochain. Quelle que soit, d'ailleurs, la procédure adoptée, le Gouvernement polonais espère fermement que l'initiative généreuse du Gouvernement français trouvera un accueil des plus favorables chez les peupl européens pour le bien de l'humanité tout entière.

N° 9.

RÉPONSE DU GOUVERNEMENT ALLEMAND.
(11 JUILLET 1930.)

I

(*Traduction*).

La solidarité des intérêts européens a amené les États d'Europe, en automne dernier, à se réunir en vue d'une première délibération. Les motifs qui ont alors déterminé le Gouvernement allemand à prendre part à cette réunion existent toujours pour l'Allemagne. Les pays d'Europe, loin de se trouver dans un état d'équilibre calme, vivent sous le fardeau de tensions et de divergences de toutes sortes. L'organisation générale du continent au point de vue politique et économique, telle qu'elle existe actuellement, entrave un développement qui serait conforme aux conditions de vie naturelles des peuples. Les conséquences de cet état de choses se manifestent de plus en plus nettement, aussi bien sur le domaine matériel que sur le domaine moral. Les gouvernements européens se trouvent ainsi obligés à réfléchir sur les possibilités qui existent pour obvier, par des mesures communes, aux périls menaçants.

Le Gouvernement allemand a donc salué avec satisfaction l'initiative du Gouvernement français d'avoir mis à la discussion, dans son Memorandum, le problème européen dans ses détails et d'avoir communiqué sa propre conception de ce problème. Il n'est que trop naturel que chaque pays envisage la tâche à remplir de son point de vue spécial et sous un autre angle. Aucun pays ne peut sentir plus que l'Allemagne les défauts de la structure de l'Europe, l'Allemagne qui, située au milieu du continent, est touchée tout particulièrement par ces défauts et leurs effets. Aucun pays n'est intéressé à un plus haut degré que l'Allemagne à ce qu'il soit remédié à ces défauts. Le Gouvernement allemand est donc tout disposé à collaborer à la solution du problème et est prêt à prendre part à une discussion approfondie pendant la réunion de la Société des Nations en automne prochain. Il croit que le but final devrait être d'envisager dans l'esprit de conciliation une réforme hardie de conditions reconnues intenables et d'amener ainsi une véritable pacification de l'Europe, qui ne saurait être basée que sur les principes de la justice et de l'égalité.

II

Il convient d'abord de déterminer quels problèmes internationaux sont susceptibles d'être réglés dans le cadre européen. Cette question doit être examinée avec grand soin. Toute pointe contre d'autres pays ou continents devra être évitée. L'action réciproque entre les pays européens et extra-européens est, sur certains domaines, plus intense que l'action réciproque en Europe même. Il serait erroné de vouloir limiter de telles relations intercontinentales. Il ne faut pas que certains pays européens deviennent étrangers à la collaboration européenne. En outre, il faut prendre en considération les difficultés résultant d'unions politiques et douanières de certains États européens avec des territoires extra-européens. Un programme européen devrait donc être rendu aussi élastique que possible sous le rapport matériel et géographique. L'exclusion de pays européens qui ne font pas partie de la Société des Nations, tels que la Russie et la Turquie, serait contraire à l'usage pratiqué avec raison jusqu'à présent.

III

Le Gouvernement français souligne la nécessité d'attaquer le problème européen du côté politique et de n'aborder les problèmes économiques qu'après avoir réglé certaines conditions préliminaires politiques. Le Gouvernement allemand partage l'avis du Gouvernement français en ce sens qu'il est également persuadé que la situation difficile de l'Europe provient, pour une large mesure, de l'organisation politique actuelle de notre continent. Pour cette raison, on ne saurait, en effet, si l'on veut éliminer par la racine les difficultés actuelles, négliger ces causes politiques. Le Gouvernement allemand estime que sa conception concernant la solution de ces problèmes politiques est connue. Il l'a expliquée à maintes occasions et n'a qu'à rappeler sous ce rapport son attitude lors de la discussion des problèmes de la sécurité, du désarmement, des minorités nationales et du développement de certains articles du Pacte de la Société des Nations. Le Gouvernement allemand voudrait cependant souligner aussi à cette occasion que le sort de toutes les tentatives d'amélioration de la situation politique en Europe dépendra de l'application des principes de l'égalité intégrale des droits, de la sécurité égale pour tous et de l'harmonisation pacifique des nécessités d'existence naturelles des peuples. Là où les conditions existantes sont en contradiction avec ces principes, il faudra trouver des moyens efficaces pour les modifier. Il serait vain de vouloir construire une Europe nouvelle sur une base qui ne saurait résister à l'évolution vivante.

IV

Indépendamment des considérations politiques, il y a sans doute, dans le domaine purement économique, des possibilités qui doivent être étudiées et utilisées dans l'intérêt du progrès européen. Une collaboration plus étroite dans ce domaine ne devrait pas être rendue dépendante de la création d'une sécurité accrue. L'entente économique aidera, dans une large mesure, à renforcer le sentiment de solidarité et par conséquent aussi le sentiment de sécurité.

L'examen de la crise économique européenne devra prendre comme point de départ la crise de l'agriculture et les difficultés de l'industrie à trouver des débouchés pour ses produits. On devra chercher des voies et moyens pour gagner des marchés plus vastes et pour faciliter l'échange de produits entre les régions essentiellement agricoles et les régions essentiellement industrielles de l'Europe.

Certaines déceptions au sujet des résultats des efforts faits jusqu'à présent et des revers subis après la conférence économique de 1927 ne doivent pas induire à rester passif, d'autant plus qu'il s'agissait d'un premier essai dans un domaine nouveau pour l'activité internationale, et que la situation économique des années dernières n'était pas favorable à ces efforts. De l'avis du Gouvernement allemand, il est donc tout indiqué de continuer les efforts tendant à apporter des soulagements à l'économie européenne et surtout à faciliter la politique douanière européenne. Sous ce rapport, il se réfère, à côté des points cités au chapitre ıv du Memorandum du Gouvernement français, aux décisions de la Conférence économique mondiale et au Protocole du 24 mars 1929 concernant les négociations futures. En abordant le problème économique européen, on ne doit cependant pas, de l'avis du Gouvernement allemand, omettre les points de vue suivants :

Autant il est nécessaire que les Gouvernements eux-mêmes prennent en mains le problème européen, autant il est certain que des mesures gouvernementales seules ne peuvent apporter une aide efficace aux difficultés dans lesquelles se débat l'Europe. Il y aura de grands domaines dans lesquels les représentants de l'Économique eux-mêmes devront s'attaquer à cette tâche. L'entente directe entre certaines branches économiques fondées sur l'entreprise privée reste un champ d'activité auquel il convient de réserver une place importante dans la nouvelle organisation de l'économie européenne. Il appartiendra aux Gouvernements d'harmoniser leur politique économique commune avec le libre jeu des forces.

En traitant de questions économiques, des points de vue militaires ne doivent pas être mis en avant. Autrement des groupes importants de la production resteraient en dehors de l'entente et de graves obstacles seraient accumulés sur le chemin guidant vers le but d'une répartition raisonnable des activités économiques.

Il y a lieu de prendre en considération toutes les conséquences résultant pour certains pays de leur situation spéciale, notamment de leur structure sociale et de leurs charges financières provenant de la guerre.

V

Au point de vue de l'organisation, le Memorandum du Gouvernement français souligne avec raison, à différentes reprises, la relation étroite qui doit exister entre les travaux de la Société des Nations et la collaboration européenne. Le Gouvernement allemand partage l'avis que les efforts européens ne doivent porter aucune atteinte à la Société des Nations. Il ne devrait même pas être question d'un commencement d'isolement de l'Europe, qui pourrait avoir comme conséquence la formation d'autres groupes au sein de la Société des Nations. La participation de tous les membres de la Société des Nations aux grands problèmes de tous les continents était, dès le début, un des traits essentiels de la Société des Nations. Une tendance à former des groupes continentaux pourrait affaiblir cet intérêt égal et général et exercer une influence défavorable sur la structure de la Société des Nations. Il sera donc nécessaire de prendre en considération les répercussions sur la Société des Nations de toute entente européenne et de soumettre au besoin ces répercussions à l'appréciation de toute la Société. Ceci est d'autant plus nécessaire que la Société des Nations, en ce qui concerne ses tâches les plus essentielles et de caractère universel, se trouve toujours dans la période du début, ce qui implique la nécessité absolue de l'affermir dans la direction de ces tâches et d'en activer la solution. En admettant une communauté de vues de principe en ce qui concerne ces préoccupations au sujet de la Société des Nations, il y a lieu de douter sérieusement qu'on puisse en tenir compte dans la pratique au cas où l'on voudrait créer dès le début des organismes spéciaux pour la collaboration européenne. En aucun cas un changement de méthode d'organisation ne devrait être apporté dans les questions qui ont déjà fait ou font encore l'objet de travaux de la Société des Nations.

VI

Le Gouvernement allemand désire se borner, pour le moment, à ces observations de principe. Il considère que la première tâche qui s'impose consiste à se former d'abord une vue d'ensemble sur les matières qui pourraient et devraient être traitées dans le cadre d'une collaboration européenne. Il espère que des suggestions précieuses seront apportées à la réunion de Genève en septembre prochain, à laquelle, à son avis, les peuples européens qui ne sont pas membres de la Société des Nations ainsi que les États non-européens devraient être admis. Le Gouvernement allemand se réserve d'expliquer et de compléter ses propres observations à cette réunion. Toute la documentation qui y sera apportée devra être étudiée et groupée en vue d'en former une base de discussion. Les différents aspects du problème dans son ensemble ayant été clairement définis, on pourra aborder l'examen du chemin à suivre ultérieurement.

N° 10.

RÉPONSE DU GOUVERNEMENT DANOIS.

(11 JUILLET 1930.)

Le Gouvernement danois a reçu avec le plus grand intérêt le Memorandum qui lui a été adressé par le Gouvernement français, conformément à la décision prise lors de la réunion tenue à Genève le 9 septembre 1929, et qui doit servir de base aux délibérations relatives à la coopération européenne envisagée. Le Gouvernement Royal exprime sa vive satisfaction de l'initiative si hardie qui vient d'être prise. Tous ceux qui constatent l'inquiétude générale qui, après onze ans de paix, continue à régner en Europe ne peuvent que saluer avec sympathie des efforts tendant à développer entre les nations européennes l'esprit de collaboration et à assurer ainsi les éléments de tranquillité qui sont une des conditions primordiales de la reconstitution économique de l'Europe. La création de cadres de coopération européenne correspondant plus ou moins à ceux de la coopération pan-américaine, est incontestablement à désirer.

Le Gouvernement danois a compris les idées énoncées dans le Memorandum qui lui a été remis, non comme un projet d'organisation, mais comme un exposé des problèmes qui se poseront lorsque cette idée nouvelle sera mise en délibération, exposé qui lui semble d'ailleurs contenir l'ensemble de ces problèmes et signaler toutes les questions qui, dans les conditions actuelles, doivent être prises en considération.

En vue des délibérations ultérieures se rattachant aux pourparlers qui ont eu lieu à Genève le 9 septembre 1929, on trouvera ci-après quelques observations relatives aux divers points principaux, observations qui, bien entendu, sont d'un caractère purement provisoire.

Le Gouvernement et le peuple danois saluent avec beaucoup de sympathie l'idée d'une organisation de la coopération entre les États européens. Il existe assurément une série de questions qui, pour des raisons géopolitiques, offrent un intérêt tout spécial pour les États de l'Europe et dont la solution est beaucoup plus facile lorsqu'elle est limitée à ces États et sans qu'on ait besoin de tenir compte des conditions différentes qui peuvent se présenter dans les autres parties du monde. A ce propos, il faut toutefois prendre en considération qu'un certain nombre d'États européens possèdent des territoires dans d'autres continents ou sont intimement liés avec des pays non-européens et que le développement des moyens de communication a élargi extraordinairement le domaine d'activité commun à tous les continents. Par conséquent l'organisation plus universelle, telle qu'elle a été créée dans la Société des Nations, doit incontestablement rester la principale, et le Gouvernement danois est d'accord avec le Gouvernement français pour estimer que la coopération européenne doit se tenir dans les cadres de la Société des Nations, de telle manière que celle-ci ne soit en aucune façon affaiblie ni entravée, et prendre une forme qui ne suscite pas d'opposition entre les intérêts de l'Europe et ceux des autres parties du monde.

Le Gouvernement se rallie volontiers à l'idée de la conclusion d'une convention par laquelle les Gouvernements européens s'engageraient à «prendre régulièrement contact dans des **réunions périodiques** ou extraordinaires, pour examiner en commun toutes questions susceptibles d'intéresser au premier chef la communauté des peuples européens».

Il est également d'avis que tous les États membres de la Société des Nations et possédant des territoires en Europe doivent être invités à adhérer à cette convention; il considère comme une **nécessité absolue** pour la conclusion de celle-ci l'adhésion de tous ceux de ces États qui ont une certaine importance. Une coopération entre un nombre restreint d'États européens membres de la Société des Nations doit être regardée comme directement préjudiciable tant à la Société des Nations qu'aux intérêts spécialement européens. Un essai d'organisation européenne dans des conditions si défavorables ferait tort à la coopération européenne au lieu de lui servir.

Il faut, en outre, considérer comme un point essentiel la réalisation, dès le début, d'une certaine collaboration entre le groupement projeté et les puissances possédant des territoires en Europe qui ne sont pas membres de la Société des Nations, de manière que l'éventualité d'une participation de ces dernières aux délibérations, prévue au chapitre II B. 2., puisse autant que possible recevoir immédiatement une forme précise. Tandis que la participation des États en question en qualité de membres du groupement prévu pourrait peut-être, tant qu'ils ne sont pas membres de la Société des Nations, entraîner certaines difficultés vis-à-vis de celle-ci, une collaboration régulière sous une forme semblable à celle sous laquelle ils prennent déjà part à une partie importante des délibérations de la Société des Nations, n'offrirait aucune difficulté.

Étant donné la nécessité d'obtenir l'adhésion de pratiquement tous les États européens membres de la Société des Nations, les stipulations de la convention visée devront se limiter nécessairement aux plus indispensables. En outre, il serait sans doute nécessaire, conformément aux observations figurant à la page 6, § 2, du Memorandum du Gouvernement français, de déclarer explicitement qu'il s'agit ici d'une organisation instituée en vue de délibérations en commun, mais sans compétence pour prendre des résolutions au nom du groupement d'États participants. D'autre part, il ne semble guère possible d'indiquer, dans la convention même, les questions qui pourront être soumises aux délibérations de la Conférence; il sera certainement préférable de laisser à l'expérience le choix des sujets dont l'examen en commun s'imposerait plus particulièrement.

En ce qui concerne l'organisation pratique des délibérations projetées, il est sans doute utile que le Memorandum français indique les divers organes moyennant lesquels celles-ci pourraient avoir lieu. Toutefois, il est permis de penser que si tous les organes énumérés dans le Memorandum français devaient entrer en activité, ce serait une répétition de l'organisation de la Société des Nations, dans une telle mesure que l'on ne pourrait éviter de provoquer parmi les États membres une certaine résistance. Il est vrai que le danger réel d'un tel examen préalable des questions serait somme toute assez réduit, l'accord entre les États européens étant souvent particulièrement difficile. Au contraire, des échanges de vues entre ces derniers pourront certainement, dans bien des cas, contribuer à éliminer des difficultés que la Société ne serait peut-être pas, à leur défaut, en état de surmonter. Mais si ces délibérations avaient lieu dans une série d'organismes correspondant exactement à ceux de la Société des Nations, il ne serait guère possible d'empêcher des méfiances de s'éveiller parmi les membres non-européens, de même qu'il serait difficile d'éviter un double emploi.

Pour cette raison déjà, le Gouvernement danois est d'avis que l'organisation visée devrait se borner au seul élément indispensable : la « Conférence européenne », dont les réunions grouperaient les délégués de toutes les puissances faisant partie de ce groupement, certains autres États pouvant également être invités à s'y faire représenter sous une forme analogue à celle déjà usitée pour des conférences organisées par la Société des Nations.

Le Gouvernement danois se rallie à la proposition émise dans le Memorandum français, et suivant laquelle « la présidence de la Conférence européenne devrait être annuelle et exercée par roulement ». Les réunions devraient, à l'avis du Gouvernement danois, être périodiques, et probablement annuelles. Dans des sessions régulières, les divers États pourraient présenter les questions qu'ils désireraient soumettre à examen, sans éveiller la même attention que si des conférences spéciales étaient convoquées en vue de la discussion de certains problèmes particulièrement difficiles. La constitution de sessions régulières n'exclurait pas la convocation, en cas de nécessité, de réunions extraordinaires.

La question se pose de savoir si les réunions devraient avoir lieu à Genève ou alternativement dans les différents États. Dans ce dernier cas, le Président de chaque session annuelle pourrait être choisi dans le pays où se tiendrait la réunion, tandis que l'on nommerait deux vice-présidents choisis parmi les représentants des autres États. Il est possible toutefois, pour des raisons pratiques, que la ville de Genève soit à préférer pour ces conférences, qui éventuellement pourraient avoir lieu à la fin des réunions annuelles de l'Assemblée de la Société des Nations, soit pendant les derniers jours de celles-ci, soit immédiatement après. Par contre, il paraît bien difficile de les réunir avant l'Assemblée, car elles pourraient, en ce cas, être considérées comme une occasion d'orienter les décisions de l'Assemblée en faveur de points de vue européens particuliers. Cependant il conviendrait d'examiner si des réunions indépendantes des sessions de l'Assemblée de la Société des Nations ne seraient pas à préférer, vu le temps limité à la disposition et les difficultés pour beaucoup de délégués à prolonger leur séjour à Genève. Si les conférences avaient lieu quelques mois après l'Assemblée de septembre, elles pourraient, le cas échéant, contribuer à écarter des difficultés s'opposant à la réalisation en Europe des décisions de l'Assemblée de la Société des Nations.

Les réunions pourraient éventuellement avoir lieu en continuation d'une des sessions régulières du Conseil, auxquelles doivent être présents les représentants d'une partie des États en question. Les délégations des divers États devraient sans doute être assez peu nombreuses, mais toutefois composées de plus d'un délégué, de manière à permettre aux pays qui le désireraient d'envoyer des représentants des principaux groupements politiques du pays.

Tandis que le Gouvernement danois trouve ainsi désirable l'institution de conférences où pourraient être discutées des questions d'intérêt spécialement européen, il estime par contre qu'il ne serait pas possible, ni même désirable dans les conditions actuelles, d'établir un «Comité politique permanent», correspondant au Conseil de la Société des Nations. On arriverait par là à une imitation trop prononcée de l'organisation de celle-ci. Le «Comité politique permanent» ne pourrait guère exercer une activité importante sans empiéter sur le domaine du Conseil de la Société des Nations. De plus, lorsqu'il s'agirait de déterminer sa composition, on verrait surgir les mêmes difficultés que celles qui se sont présentées dans la Société des Nations au sujet de la composition du Conseil, et qui y ont eu des conséquences peu propices : Est-ce qu'il y aura des membres permanents? Quelle sera la méthode d'élection? Est-ce que quelques membres seront rééligibles, etc.? On se trouverait là en face d'une série de problèmes qui, dans les conditions actuelles, apparaîtraient sans doute comme insolubles.

De même, le Gouvernement danois estime qu'il ne serait pas nécessaire ni même opportun de créer un Secrétariat de caractère analogue à celui de la Société des Nations ou des Comités techniques spéciaux répondant aux différents comités de la Société. La création d'un secrétariat de plus amènerait sans doute en beaucoup de cas un double emploi. Dans les cas où s'imposerait la préparation d'une question par un secrétariat ou un comité technique, le Gouvernement danois estime qu'il serait possible de trouver des formes sous lesquelles le Secrétariat et les Comités de la Société des Nations pourraient s'en charger. Les négociations relatives à la trêve douanière ont en effet démontré qu'une question qui, pour le moment, paraît avoir un caractère avant tout européen pouvait être discutée d'une façon satisfaisante dans le cadre de la Société des Nations. Les États pour lesquels la question ne présentait pas un intérêt essentiel n'ont pas envoyé de représentant, ou bien les représentants de tels États n'ont pris qu'une faible part aux débats, et n'ont apporté aucun obstacle aux délibérations européennes.

Dans l'intervalle des conférences annuelles, il y aurait assurément certaines affaires courantes à expédier : élaboration d'un compte rendu de la Conférence, fixation de l'ordre du jour de la prochaine conférence, convocation aux réunions ordinaires et éventuellement extraordinaires, etc. Toutefois, ce service pourrait être confié à l'État auquel aurait été dévolue la présidence de la dernière session, conjointement avec les deux États auxquels appartenaient les vice-présidents. Cependant, on est d'avis qu'il serait peut-être préférable qu'il fût possible de tomber d'accord avec les Autorités de la Société des Nations sur une procédure permettant au Secrétariat de la Société de se charger de ces fonctions.

Quant au domaine des délibérations de la Conférence européenne, le Gouvernement danois est d'avis qu'il convient de s'attacher avant tout à l'examen des problèmes économiques qui, par suite des conditions géopolitiques, sont spécialement appropriés à être discutés et résolus par les États européens seuls ou dans lesquels il s'agit d'écarter des difficultés particulières à l'Europe.

Il est indubitable qu'une partie importante des difficultés qui entravent la vie économique de l'Europe est due à la dispersion des forces de la production agricole et industrielle, causée par les frontières douanières. Une organisation qui permettrait l'évolution successive vers une division rationnelle du travail répondant aux conditions géographiques et sociales des divers pays aurait la plus grande importance pour l'amélioration générale de l'économie européenne, et profiterait grandement aux États européens ainsi qu'aux autres parties du monde intéressées au commerce avec l'Europe. La solution de ce problème si complexe serait sans doute, pour la première période d'une entente européenne, la tâche principale.

En ce qui concerne les sujets d'ordre économique à étudier, le Gouvernement danois se rallie entièrement aux buts indiqués au chapitre IV, A. 1, 2, 3 et 4 du Memorandum du Gouvernement français. Il estime qu'il serait préférable de se borner provisoirement aux domaines qui normalement ne peuvent guère être traités sous les formes ordinaires par la Société des Nations. Toutefois, il ne serait pas utile de délimiter d'avance les sujets pouvant être l'objet des délibérations. Le choix des sujets dépendra des circonstances. et on pourrait certainement. sans risquer des conséquences inopportunes, donner aux États participants le droit de formuler, avant la réunion de chaque Conférence, des propositions relatives à l'ordre du jour, entre lesquelles il appartiendrait à la Conférence de faire son choix.

Parmi les sujets à discuter dans les Conférences pourraient se présenter aussi des problèmes d'ordre essentiellement politique, mais il n'est guère possible de prévoir dans quelle mesure ceux-ci pourraient faire l'objet d'une délibération féconde dans les conférences projetées. Cependant des Conférences de ce genre donneraient en tout cas aux participants de précieuses occasions d'un échange de vues confidentiel.

Le Memorandum français mentionnant la possibilité d'une évolution dans le sens des traités de Locarno, le Gouvernement danois est obligé de souligner qu'il ne saurait envisager la possibilité d'une extension des obligations de sanctions semblables à celles assumées par ces traités, jusqu'à comprendre tous les États participants à une convention éventuelle, soit comme garants, soit comme garantis. Des négociations antérieures ont démontré qu'une pareille idée est inacceptable pour un grand nombre d'États. Le Gouvernement danois a toujours soutenu le point de vue qu'on ne peut assumer, avant que la réduction effective des armements prévue dans l'article 8 du Pacte de la Société des Nations soit réalisé, des obligations de sanction au delà de celles contenues dans le Pacte et interprétées en 1921 par les résolutions de l'Assemblée. Il rappelle à ce sujet les observations émises en 1922 et 1923 à la troisième commission de l'Assemblée lors de la discussion du projet d'un traité de garantie mutuelle, et en 1924 dans la discussion du projet du Protocole de Genève. Le Gouvernement danois est toujours d'avis que des obligations de sanction plus étendues que celles du Pacte diminueraient la sécurité des États plutôt que de l'augmenter, ant que sont maintenus dans les divers États des armements militaires considérables. Il estime également que l'étude de la question de la sécurité tombe naturellement dans les attributions de la Société des Nations, et qu'une discussion particulière, entamée à ce sujet au cours des négociations relatives à la coopération européenne. rendrait, dans les conditions actuelles, ces négociations plus difficiles sans pouvoir amener aucun résultat.

Par contre, le Gouvernement danois adhère pleinement au principe qui est à la base des engagements réciproques insérés dans les accords de Locarno, de ne pas chercher à modifier de force les frontières déjà existantes, principe qui a été reconnu plus tard par tous les États qui ont adhéré au Pacte Briand-Kellogg de 1928. Il se permet de rappeler à ce sujet le projet de convention, élaboré et publié par le Danemark il y a quelques années, en vertu duquel la guerre ne pourrait, à l'avenir, être invoquée comme justifiant des modifications de frontières (voir « Rapport de la Commission temporaire mixte pour la réduction des armements », Doc. A. 35, 1923. IX, page 30).

Quant aux moyens propres à frayer la voie à des négociations fécondes au cours de la Conférence européenne, le Gouvernement danois se rallie entièrement à l'idée qu'une collaboration intime avec les groupes européens de l'Union interparlementaire serait d'une grande efficacité.

Le Gouvernement danois se rend bien compte que, quand il s'agira de passer à la réalisation de l'idée émise par M. Briand dans la réunion du 9 septembre 1929, beaucoup d'incertitudes se présenteront quant aux formes sous lesquelles elle pourra avoir lieu. Ce qui a été commencé l'année dernière à Genève est nécessairement un travail à longue échéance. Mais, dans l'état actuel de l'Europe, il paraît de grande importance qu'une coopération plus étroite entre les nations européennes soit réalisée. Au cours des négociations projetées se révélera quelle est la force vitale de l'idée de coopération européenne, et dans quelle mesure elle pourra être réalisée au profit de ce grand but : augmenter la sécurité des Nations et assurer à l'Europe la tranquillité nécessaire au travail économique et intellectuel.

Conformément aux principes exprimés plus haut, le Gouvernement danois est prêt à participer, pendant la prochaine session de l'Assemblée de la Société des Nations, aux négociations relatives à une coopération européenne proposées dans le Memorandum du Gouvernement français.

RÉPONSE DU GOUVERNEMENT HELLÉNIQUE.

(12 JUILLET 1930.)

Se référant au Memorandum sur l'organisation d'un régime d'Union fédérale européenne que le Gouvernement de la République Française a bien voulu lui faire parvenir, le Gouvernement de la République Hellénique a l'honneur de lui communiquer ce qui suit :

1. Le Gouvernement hellénique a procédé à l'étude dudit Memorandum avec le plus vif intérêt et la plus sincère sympathie.

2. Il considère que l'idée envisagée d'organiser entre les États de l'Europe un régime de constante et méthodique collaboration économique et politique, dans l'esprit et dans le cadre de la Société des Nations, répond aux plus nobles aspirations et aux réels intérêts des peuples européens.

3. Il est d'avis que ledit Memorandum offre une base pratique très utile de discussions pour la Conférence européenne qu'il y est proposé de réunir à Genève au cours de la prochaine session de l'Assemblée de la Société des Nations et à laquelle il est disposé à se faire représenter. Il aura l'occasion, au cours de cette discussion, de présenter sur les divers points indiqués dans le Memorandum quelques observations que pourraient lui inspirer à la fois l'intérêt général de l'Europe et l'intérêt particulier de la Grèce.

4. La Grèce envisagerait avec sympathie l'éventualité d'une participation de la Turquie, puissance comme elle balkanique et méditerranéenne, à l'Union fédérale Européenne.

RÉPONSE DU GOUVERNEMENT LITHUANIEN.

(12 JUILLET 1930.)

Le Gouvernement lithuanien, après avoir minutieusement étudié le Mémorandum du Gouvernement de la République Française sur l'organisation d'un régime d'Union fédérale européenne, qui lui a été transmis le 17 mai dernier, est heureux de pouvoir se déclarer d'accord avec les idées maîtresses dont s'est inspiré dans sa démarche le Gouvernement de la République, ainsi que de manifester d'ores et déjà sa ferme volonté de coopérer dans toute la mesure de ses moyens à la réalisation de l'œuvre projetée.

A cette occasion, le Gouvernement lithuanien tient à souligner que la Nation Lithuanienne, depuis sa renaissance à la vie indépendante, poursuit sans relâche l'idéal de la paix basée sur une véritable justice, idéal qui a déterminé la Lithuanie à faire partie de la Société des Nations et qui, seul, pourrait assurer aux peuples du monde entier le développement harmonieux de toutes leurs forces morales et matérielles.

Cependant, le Gouvernement lithuanien ne peut s'empêcher de formuler quelques observations inspirées uniquement par le souci du succès de l'œuvre entreprise sur l'initiative du Gouvernement français.

I

Pour que l'Union européenne devienne dès ses débuts une réalité vivante et fertile en conséquence heureuses, il semble au Gouvernement lithuanien que les intérêts et les sentiments qui unissent les peuples dans la poursuite d'un idéal commun doivent, au sein de l'Union, prévaloir sur les intérêts et les sentiments opposés.

Il est dès lors évident que l'Union ne pourrait se développer normalement aussi longtemps que subsisteraient entre ses membres des antagonismes graves et des oppositions irréductibles provenant d'actes restés sans une réparation équitable.

Or il est inconcevable, voire impossible, qu'une atmosphère de détente, d'amitié et de confiance puisse être créée entre les futurs membres de l'Union autrement que sur la base du respect scrupuleux des droits réciproques et de l'équité.

I

D'autre part, une fois cette atmosphère de confiance et d'harmonie créée, il est souverainement important que l'Union fédérale comprenne le plus d'États européens possible et qu'aucun d'entre eux n'en soit exclu.

III

Le Gouvernement lithuanien est convaincu qu'un Pacte d'ordre général, qui tiendrait compte des préoccupations esquissées ci-dessus, serait d'une utilité incontestable pour l'affermissement de la paix entre les peuples. Il partage entièrement l'opinion du Gouvernement de la République qu'un tel Pacte devrait être inséré dans le cadre de la Société des Nations, qui vise un but plus général et embrasse des horizons plus vastes.

IV

Il semble également qu'une grande prudence s'impose dans la solution du problème délicat des organes dont serait dotée l'Union fédérale. Le Gouvernement lithuanien est d'avis qu'une Conférence européenne réunissant les représentants de tous les États membres de l'Union serait l'organe le plus approprié à la nouvelle institution.

La préparation des travaux de cette Conférence nécessiterait peut-être la création d'un Comité assez large dont le caractère permanent ne serait décidé qu'ultérieurement au cours de l'activité de l'Union elle-même.

En ce qui concerne l'établissement d'un secrétariat permanent, le Gouvernement lithuanien appréhende qu'un semblable organisme ne crée un parallélisme préjudiciable à l'activité du Secrétariat de la Société des Nations.

V

Le Gouvernement lithuanien, tout en faisant siennes les directives essentielles formulées dans le IIIe point du Memorandum et qui devront déterminer les conceptions générales des organes chargés de l'élaboration du programme d'organisation européenne, se réserve la faculté de les développer au cours des discussions qui surgiront nécessairement entre les États invités à apporter leur concours à la Conférence européenne.

VI

Les questions soulevées par le IVe point du Memorandum français qui représente comme une esquisse de programme que le Gouvernement de la République eut soin de formuler pour être soumis aux délibérations de la prochaine Conférence européenne, sont aux yeux du Gouvernement Lithuanien d'une importance capitale, mais ne pourront, à son avis, être définitivement mises au point qu'au cours de l'activité même de l'Union.

N° 13.

RÉPONSE DU GOUVERNEMENT NORVÉGIEN.

(12 JUILLET 1930.)

C'est avec une sincère satisfaction que le Gouvernement norvégien a pris connaissance du Memorandum relatif à une coopération européenne, que le Gouvernement
français a fait élaborer conformément à la résolution prise à la réunion tenue à Genève
le 9 septembre 1929 (lequel Memorandum a été transmis au Ministère des Affaires
Étrangères à Oslo avec la lettre du Ministre de France en date du 17 mai dernier).
Le Gouvernement norvégien tient à exprimer au Gouvernement français sa gratitude
pour l'initiative qu'il a prise dans cette question sous l'inspiration de motifs aussi
élevés que pleins de clairvoyance.

Du côté norvégien, l'on se rend parfaitement compte des grandes difficultés que comporte l'œuvre qu'il est question de commencer, ainsi que des nombreuses objections
qui peuvent être formulées contre elle. Cependant, si l'on envisage la situation actuelle, avec une Europe fractionnée par des frontières tant nationales que douanières
en 29 États complètement séparés, dont chacun suit, plus ou moins, son propre
chemin, et qui sont impuissants à établir entre eux les fondements de collaboration,
d'organisation et de répartition du travail, conditions indispensables pour la pro-
gression du développement économique international, on éprouve la nécessité d'une
meilleure organisation.

Le Gouvernement norvégien partage l'opinion émise dans le Memorandum français
qu'il n'est pas fondé de dire que la coopération européenne dont il est question
pourrait affaiblir l'autorité de la Société des Nations. Au contraire, les efforts que l'on
tente de réaliser sur ce terrain ne serviront qu'à accroître le prestige de la Société,
car ils sont étroitement liés à ses vues. Autant que sa tâche est universelle, autant la
Société doit avec satisfaction voir, en contribuant à la faciliter, l'œuvre faite pour créer
l'harmonie, le calme et le bien-être dans l'Europe qui constitue une partie si essentielle
du domaine de la Société des Nations.

Il est donc dans l'intérêt de la Société des Nations tout entière que l'on cherche à
régler des problèmes européens sous l'enseigne de la coopération et de l'organisation
collective, et il est sans fondement de caractériser les efforts tendant vers ce but
comme dirigés contre d'autres parties du monde et créant un état de désaccord
avec celles-ci. Il va de soi, semble-t-il, que tous les membres de la Société des Nations
verront leur avantage à ce que l'Europe ne continue pas son existence dans les conditions de désorganisation qui règnent actuellement. En réalité, il est dans l'intérêt
de toute la société mondiale de créer une Europe saine, bien organisée et heureuse.

Si, d'abord, l'on est d'accord à cet égard, il s'agit de trouver les voies menant à
une meilleure organisation de l'Europe. Arrivé ici, le gouvernement norvégien

doit en beaucoup de points exprimer son adhésion aux idées énoncées dans le Memorandum français, tout en estimant cependant qu'il conviendrait de faire passer les efforts qui ont pour but d'arriver à une collaboration économique et positive avant la tentative de créer une organisation collective d'un caractère plus politique. Le Gouvernement norvégien aussi bien que l'opinion norvégienne ont toujours été opposés à la formation de groupes ou d'ententes au sein de la Société des Nations, y ayant vu un élément de danger et redouté le retour d'associations que la concurrence et la rivalité mettent face à face et qui, par là, constituent facilement un péril pour la paix et l'entente générale.

Une collaboration entre les peuples d'Europe se présente toutefois sous un aspect tout différent, car elle agira justement contre cette sorte de groupements d'intérêts que l'on craint. Les rapports entre les différents États européens et les peuples en dehors d'Europe — Dominions, États coloniaux — et la nature de ces rapports due à la parenté et à l'amitié des nations soit anglosaxones soit latines, rendent inconcevable qu'une collaboration organisée en Europe puisse créer quelque espèce de contraste perturbateur de la paix vis-à-vis de pays hors d'Europe.

Pour ce qui est des différents points du Memorandum français, il y a lieu de faire les observations suivantes :

I

L'on est d'avis qu'il faut élaborer un accord simple, prescrivant et indiquant les formes de la collaboration européenne. L'accord doit être très bref et rédigé en termes généraux, laissant par là l'accès libre aux possibilités d'un développement naturel de la collaboration et s'adaptant ainsi aux exigences de l'avenir.

L'accord doit être rédigé de telle manière que tous les pays européens qui sont ou seront membres de la Société des Nations puissent y adhérer.

II

Pour ce qui est des organes indispensables à l'accomplissement de cette coopération, l'on est d'avis qu'au début il suffira que les Premiers Délégués européens à l'Assemblée de la Société des Nations se rassemblent en conférences régulières durant la session ordinaire de l'Assemblée de la Société des Nations. Toutefois, si cela paraît nécessaire, des conférences extraordinaires pourront aussi être convoquées. Cette réglementation, et la proposition faite plus bas au sujet du Comité permanent et du secrétariat, contribueront à faire ressortir la liaison avec la Société des Nations et faire éviter la confusion, du double travail, etc.

La présidence de la Conférence européenne doit être annuelle et exercée par roulement.

Il convient d'organiser un comité permanent qui, au début, peut être formé des membres européens du Conseil de la Société des Nations.

Lorsque le Comité traitera des questions intéressant un État qui n'y est pas représenté, cet État devra avoir la faculté de se faire représenter au Comité.

Toute cette organisation devant constituer une partie de l'œuvre de la Société des Nations, le Secrétariat de la Société devra, en collaboration avec le Comité permanent, pouvoir organiser le service de secrétariat nécessaire.

III

Il est manifeste que les deux éléments, économique et politique, de la coopération
envisagée sont intimement liés et subordonnés l'un à l'autre. Cependant, le Gouvernement norvégien peut difficilement s'affranchir de l'idée qu'il serait plus naturel
de baser, avant tout, la coopération européenne sur une solution des problèmes économiques, car il semble plus aisé d'atteindre des résultats sur ce terrain où les défauts
du régime actuel se montrent avec le plus d'évidence et où la situation implique
aujourd'hui des inconvénients d'un sérieux caractère pour un grand nombre de pays
européens.

Il y a, comme le mentionne le Memorandum, des barrières douanières de 20.000
kilomètres en Europe et il semble malheureusement que les divergences créées entre
les États européens par suite de la politique douanière ont une tendance continuelle
à faire accroître la hauteur de ces barrières. En réalité, cela signifie un danger, non
seulement pour la prospérité matérielle, mais aussi pour la paix de l'Europe. Chercher
à restreindre les armements de la politique douanière est aussi important que réduire
les armées et les marines. La réduction des armements militaires se présentera comme
la conséquence naturelle de relations meilleures et plus franches dans le domaine de
la politique commerciale.

Il est clair qu'en élaborant le plan de la coopération européenne, l'on doive aussi
prendre en considération son côté politique; mais on se trouve ici sur un terrain
bien autrement délicat, sur lequel, d'une part, les considérations nationales et histo_
riques se font valoir avec force, et où, d'autre part, il est certain que beaucoup de
pays pourront difficilement, comme c'est le cas pour la Norvège, donner leur adhésion à un régime impliquant aussi des obligations militaires.

C'est pour cette raison que le Gouvernement norvégien considère que la tâche de
la coopération européenne doit s'accomplir en premier lieu sur le champ économique.
Dans cet ordre d'idées, le développement même des choses mènera à une collaboration
politique croissante entre les États, dans des formes créées par les besoins du présent
et de l'avenir.

Cependant, si l'on ne veut pas s'exposer à des déceptions, il sera indispensable
d'avancer aussi avec beaucoup de modération sur le terrain économique et de ne pas
se proposer de trop vastes buts. La situation et les conditions, telles qu'elles se présentent dans les différentes parties de l'Europe, sont encore si hétérogènes que nombre
de questions importantes ne pourront être résolues que peu à peu et à mesure que
des changements seront apportés à l'état de choses existant.

IV

Pour ce qui est de la liste de questions spéciales établie dans le Memorandum,
elle est très détaillée. Le Gouvernement norvégien nourrit cependant quelques doutes
quant à la question de savoir s'il ne sera pas aussi avantageux de ne pas fixer d'avance
en détail l'étude des différents problèmes, mais de laisser, dans une certaine mesure
à l'avenir le soin de déterminer la forme plus précise de la collaboration dont la mise
en action est ici envisagée.

N° 14.

RÉPONSE DU GOUVERNEMENT PORTUGAIS.

(12 JUILLET 1930.)

(*Traduction.*)

Le Gouvernement portugais a considéré avec la plus grande attention le Memorandum sur l'organisation d'un régime d'Union fédérale européenne qui lui a été remis par le Représentant de la France à Lisbonne, le 17 mai de l'année courante. Memorandum dans lequel S. E. le Ministre des Affaires Étrangères de la République Française indique les points essentiels destinés à être examinés par les Gouvernements des États européens membres de la Société des Nations qui, dans la réunion de Genève du 9 septembre 1929, ont unanimement reconnu l'avantage que présente l'étude des possibilités de constitution d'un lien fédéral entre les peuples de l'Europe en vue de la discussion et du règlement des questions d'intérêt commun.

Toujours prêt à collaborer à tous les efforts tendant à la consolidation de la paix et à la solution des problèmes internationaux, le Portugal est, en principe, disposé à examiner, conjointement avec les autres États européens invités, les points indiqués dans le Memorandum de M. Briand.

Il juge toutefois indispensable, en premier lieu, que, dans le souci même de ne pas nuire à la réalisation des objectifs que l'on a en vue, l'étude de ces problèmes soit faite graduellement, et seulement dans la mesure où il est permis de supposer que les probabilités de succès sont supérieures aux risques d'échec dans la discussion.

Le Gouvernement portugais considère également comme indispensable de bien établir que la pensée d'un lien fédéral ou d'une union fédérale entre les peuples de l'Europe ne saurait impliquer la moindre idée d'atteinte ou de diminution de leur indépendance et de leur intégrité politique, ni de délégation, par l'un quelconque d'entre eux des droits inhérents à sa complète souveraineté.

Il est également indispensable de spécifier que les États européens, en envisageant une Union fédérale, n'entendent en aucune sorte relâcher les liens qui les rattachent à leurs colonies, n'admettent aucune altération de leurs droits sur ces territoires, non plus qu'aucune ingérence dans les questions proprement coloniales. Ces territoires doivent être considérés comme des éléments composants de la véritable structure de chaque État, sans quoi la Fédération proposée ne reposerait pas sur une notion exacte de l'État européen tel qu'il est, en réalité, constitué.

Le Gouvernement portugais tient, en outre, pour essentiel que, dans tout effort en vue d'un accord général européen, soit au cours des tractations mêmes, soit dans les conclusions qui pourraient être adoptées, on évite d'introduire aucune tendance exclusiviste de nature à éveiller la défiance ou les susceptibilités d'autres continents ou de **nations** géographiquement éloignées, mais proches de certains États européens par leur **origine** ethnique et par leur langue. Ce point a une valeur particulière pour le **Portugal**, en raison des liens qui l'unissent à la grande Nation brésilienne, liens que le **Pacte ne** saurait amoindrir ni affecter.

Le Gouvernement portugais considère également comme un principe fondamental que le **Pacte**, ainsi que le Mémorandum en formule expressément la réserve, ne tende aucunement à invalider les accords bilatéraux ou plurilatéraux existant entre États ou groupes **d'États**, ni à réduire la portée ou l'efficacité des liens d'alliance ou d'amitié qui sont des éléments fondamentaux et traditionnels de la vie internationale de **certains** États.

Ces **points** de vue affirmés, le Gouvernement portugais indiquera d'une façon succincte son opinion sur les quatre points du Mémorandum présenté.

I

Le **Gouvernement** portugais reconnaît l'avantage qu'il peut y avoir à ce que les **Gouvernements** européens maintiennent le contact entre eux, par le moyen de réunions **périodiques** ou extraordinaires, afin d'examiner ensemble les questions qui **intéressent collectivement** l'organisation pacifique de l'Europe et sa prospérité **économique.**

Le **Gouvernement** portugais estime toutefois que, pour que des réunions de ce genre servent **efficacement** les fins qu'on se propose, il est indispensable de procéder à l'examen **des** questions d'une manière graduelle, comme il a été dit plus haut, et de **n'aborder** que celles qui seront reconnues ne pouvoir soulever, entre deux ou plusieurs **signataires**, des susceptibilités et irréductibilités capables de compromettre ou d'écarter toute possibilité de solution dans un avenir rapproché.

Le Gouvernement de la République Portugaise juge indispensable que l'accord ou le **pacte qui sera** conclu entre dans le cadre de la Société des Nations et qu'il n'affaiblisse ou ne contrarie aucunement son action. Membre de la Société des Nations et dévoué **collaborateur** de ses travaux, le Gouvernement portugais juge d'autant plus nécessaire **d'insister** sur la nécessité de ne pas affaiblir l'action de cette organisation **internationale**, qu'il apparaît, à son avis, comme difficile d'attribuer le caractère d'accord **purement** régional à un pacte européen, destiné à avoir une répercussion **mondiale du** fait du nombre et de l'importance des nations conviées à le signer.

Le Gouvernement portugais a de plus l'impression que les affaires, de quelque **nature qu'elles** soient, qui intéressent toute l'Europe ne peuvent, comme le suggère le **Mémorandum**, être traitées avec possibilité de solution concrète que par les États **européens affiliés** à la Société des Nations, au sein de laquelle, le Gouvernement portugais **ne le cache** pas non plus, certaines des fins que l'on a en vue seraient peut-être **réalisables dans** la mesure où elles sont actuellement susceptibles d'être atteintes.

II

Sans contester qu'il puisse être nécessaire de créer des organismes spéciaux destinés **à assurer les études**, les travaux et la représentation de l'Union européenne projetée, le Gouvernement portugais pense que la formation et le fonctionnement de tout organisme de cette nature est l'un des points du projet qui demande une plus mûre préparation, en raison de leur complexité et des difficultés qu'ils présentent. Le Gouvernement portugais estime que non seulement par la procédure indiquée dans le Memorandum pour l'attribution des fonctions présidentielles, mais en outre par la constitution intime de ces organismes devront être écartées toutes possibilités d'hégémonies particulières, soit directes, soit par le moyen de groupements, lesquelles, en gênant la pensée collective, feraient tort également à l'idée d'accord général que le projet tend à réaliser.

La parfaite subordination des influences à cette pensée collective, la parfaite égalité juridique, en théorie et en pratique, au sein de ces organismes, sont tenues par le Gouvernement portugais comme des conditions essentielles de possibilité d'exécution de tout projet de ce genre.

Il lui paraît non moins nécessaire que l'action de ces organismes ne puisse faire double emploi avec celle des organismes similaires de la Société des Nations, ni constituer pour elle un embarras ou une cause d'affaiblissement.

III — IV

Le Gouvernement portugais considère comme intimement liés ces deux points du Memorandum.

Les conditions de sécurité, de pacification des esprits, d'entente et de coopération sur le terrain politique lui paraissent en effet fondamentales pour la réalisation de progrès dans la voie de l'union économique. Mais il juge aussi que, sur le terrain économique et social, il existe des difficultés particulières qui ne se rattachent que de loin aux conditions politiques et qui ne peuvent attendre de celles-ci seules leur solution.

Le Gouvernement de la République Portugaise pense donc que l'examen en commun des problèmes économiques ne doit pas forcément être précédé de la solution des problèmes politiques; il croit, au contraire, que cette solution pourra devenir plus facile à mesure que, par des accords d'un caractère général, les difficultés économiques iront en s'atténuant. Cette conjonction d'efforts paraît au Gouvernement portugais plus propice à la réalisation effective des desseins élevés que l'on a en vue.

Le Gouvernement de la République Portugaise rend hommage à l'élévation des idées de l'illustre Ministre des Affaires Étrangères de la France et exprime à nouveau son intention de prêter son concours à tous les efforts des puissances qui travaillent à la reconstitution pacifique de l'Europe.

RÉPONSE DU GOUVERNEMENT HONGROIS.

(14 JUILLET 1930.)

C'est avec le plus profond intérêt et la plus grande attention que le Gouvernement hongrois a étudié le Memorandum sur l'organisation d'un régime d'Union fédérale européenne, que le Gouvernement de la République Française a bien voulu lui faire parvenir le 17 mai dernier. Après avoir examiné le plus minutieusement toutes les parties du Memorandum, le Gouvernement hongrois, tout en exprimant son admiration profonde pour les principes développés dans celui-ci, tient à faire connaître quelques idées qui se sont imposées à lui pendant l'étude du projet de M. Briand et dont la prise en considération serait à son avis indispensable pour aboutir effectivement au but signalé dans la conclusion du Memorandum: «S'unir pour vivre et prospérer». Celui-ci est d'ailleurs tellement riche en idées fertiles et soulève tant de questions de la plus haute importance pour l'essor futur de l'Europe, qu'il ne serait guère possible de s'étendre sur tous les aspects du problème.

Ce Memorandum exprime un principe qui recueillera certainement l'adhésion unanime de tous les États appelés à participer à la grande œuvre de l'organisation d'une association européenne, c'est le principe de la souveraineté absolue des États et leur égalité de droits au sein de l'Union projetée. Sous ce rapport, le Gouvernement hongrois tient à déclarer que selon ses vues il serait absolument essentiel que l'idée de la souveraineté et de l'égalité de droits fut interprétée de manière qu'avec l'institution de l'Union fédérale européenne toutes les inégalités, qui dans leurs conséquences pratiques forment pour certains États des entraves au libre exercice de leur souveraineté, fussent éliminées. Le Gouvernement hongrois désire signaler en même temps qu'à son avis certains accords existant entre certains États sont contraires aux principes concernant l'organisation pacifique de la collectivité européenne exposés dans le Memorandum et ne sauraient être transplantés dans une Europe nouvelle, fondée sur le principe de l'égalité de droits, sans mettre en péril l'harmonie et la collaboration efficace des nations participantes.

Le Gouvernement hongrois adhère sans hésitation au principe émis par le Memorandum que la coopération européenne ne pourrait viser l'affaiblissement de l'autorité de la Société des Nations. Par contre, selon son opinion, l'une des conditions essentielles de l'établissement de l'Union fédérale devrait être de combler certaines lacunes du statut de la Société des Nations afin de mieux assurer la collaboration pacifique des nations européennes. Et cela d'autant plus que même certaines dispositions qui forment partie intégrante du Pacte de la Société des Nations et qui pourraient, si l'on s'en servait, assurer à la situation politique générale de l'Europe une certaine souplesse qui lui manque actuellement, ne sont pas employées d'une manière efficace et en proportion avec leur importance pour l'organisation universelle de la paix, et n'ont pas même trouvé encore une interprétation authentique concernant la procédure de leur exécution. Du reste, le Gouvernement hongrois se permet de remarquer à ce sujet que, bien qu'il se rende parfaitement compte que la Conférence projetée ne s'occupera pas de la revision des Traités, il ne saurait adhérer à une solution du problème qui, en excluant la possiblité d'une revision pour l'avenir, rendrait immuable la situation actuelle créée par les Traités. Le Gouvernement hongrois pense qu'il faudrait s'efforcer de trouver, ou par l'entremise de la nouvelle organisation ou bien en dehors d'elle, un moyen qui permettrait de résoudre d'une manière pacifique les différends de nature non juridique et même les questions politiques les plus ardues qui pourraient s'élever entre les États membres de l'Association, d'autant plus que, d'après sa ferme conviction, le but sublime de la pacification universelle ne pourra jamais être atteint autrement.

Une autre question qui semble mériter un examen plus détaillé est celle de l'égalité des États au sein des organes envisagés pour la nouvelle association. Cette égalité n'existe point dans l'organisation actuelle de la Société des Nations (il suffit de citer la distinction entre les États membres permanents ou semi-permanents du Conseil et les autres États). Le Gouvernement hongrois a vu avec plaisir que le Memorandum cherche à éviter toute prédominance de ce genre en faveur de l'un ou l'autre des États européens.

Le Gouvernement hongrois ne peut pas s'abstenir de mentionner une question qui touche la Hongrie de plus près que n'importe quel autre pays de l'Europe : c'est la question des minorités nationales. Il adhère pleinement au principe proclamé dans l'introduction du Memorandum que l'Association européenne serait sans qualité pour traiter au fond des problèmes qui tombent sous la compétence de la Société des Nations. Aussi l'unique but du Gouvernement Royal, en mentionnant la question des minorités, est-il d'attirer de nouveau l'attention sur ce problème vital qui, s'il ne recevait pas une solution satisfaisante, serait l'un des obstacles les plus sérieux à la pacification des esprits sur le continent européen et à la réussite de l'œuvre projetée.

La Hongrie, dont les aspirations politiques ne dépassent pas le territoire de l'Europe, n'a pas l'intention de s'occuper de la question de savoir comment l'institution d'une Union européenne pourra être mise d'accord avec les intérêts des États extra-européens, vu qu'à son avis la solution de ce problème incombe aux États possédant des intérêts en dehors du continent. Comme ce sont surtout les questions qui se rapportent à certaines parties de l'Europe, entre autres à la Péninsule des Balkans, qui l'intéressent d'une manière particulière, la Hongrie considérerait désirable que l'Union s'étendît à la Turquie, à laquelle elle est d'ailleurs liée par une amitié traditionnelle.

Le Gouvernement hongrois comprend parfaitement que les problèmes qu'il vient de soulever, ainsi que les questions que, d'après ses informations, d'autres gouvernements ont posées, sont très difficiles à résoudre et mettront la conférence devant une tâche sérieuse et compliquée. Prenant en considération cette situation, le Gouvernement hongrois se demande s'il n'y aurait pas lieu de mettre en évidence la conception première de M. Briand, énoncée par lui d'une manière si éloquente en septembre dernier à Genève, et de s'efforcer d'abord d'organiser la coopération dans le domaine économique. En émettant cette opinion, le Gouvernement hongrois est guidé par deux considérations. D'une part, la crise économique mondiale pèse tout spécialement sur l'Europe non encore remise des conséquences de la guerre, ce qui fait que le problème le plus urgent semble être le rétablissement de l'économie européenne. D'autre part, le Gouvernement hongrois est convaincu que s'il était possible de réaliser une certaine coopération et d'éliminer certains différends dans le domaine économique, cela créerait une atmosphère propice à la solution des problèmes politiques les plus importants. Dans ce cas, une partie des questions évoquées par la présente note pourrait être écartée de la discussion, et beaucoup de nations seraient à même de donner leur adhésion avec conviction à la nouvelle Union : entre elles, la Hongrie.

D'ailleurs le Gouvernement hongrois ne manquera pas de se faire représenter à la Conférence européenne envisagée, et se prépare à discuter dans l'esprit d'une parfaite conciliation avec les représentants des autres États européens les questions sus-indiquées ainsi que tout autre problème qui pourrait se poser.

[illegible]
[illegible]
[illegible]
[illegible]
[illegible]
[illegible]

[illegible]
[illegible]
[illegible]
[illegible]
[illegible]
[illegible]

N° 16.

RÉPONSE DU GOUVERNEMENT TCHÉCOSLOVAQUE.

(14 JUILLET 1930.)

Le Gouvernement tchécoslovaque a soumis à un examen approfondi le Memorandum du Gouvernement français au sujet de l'organisation d'un régime d'Union fédérale européenne. Il l'a fait avec un intérêt et une attention que peut susciter la conviction qu'il s'agit ici d'examiner des questions d'une grande portée pour la solution des problèmes les plus importants qui intéressent l'humanité. Il l'a fait aussi avec la plus grande sympathie, car le Memorandum poursuit des buts vers lesquels la Tchécoslovaquie a, depuis son rétablissement, dirigé tous ses efforts et qui ont guidé toute sa politique extérieure.

Les résultats auxquels a abouti l'examen du Gouvernement tchécoslovaque peuvent se résumer comme suit :

Comme en témoignent sa qualité de Membre de la Petite Entente et sa collaboration à ce sujet, ainsi que la part qu'elle a prise à l'œuvre de Locarno et, en général, à tous les efforts tendant à organiser la paix en Europe après la guerre, la Tchécoslovaquie a toujours soutenu l'idée que les ententes régionales, telles que les prévoi l'article 21 du Pacte, peuvent faire beaucoup pour faciliter la mission de la Société des Nations. Elle a toujours été d'avis que le point de départ le plus naturel pour l'organisation d'une coopération qui engloberait tous les peuples est fourni par la collaboration entre les États situés dans de mêmes régions géographiques plus ou moins grandes, car ce sont précisément les États qui, contraints par leur situation géographique à vivre ensemble de façon permanente, ont tout naturellement l'intérêt le plus vif à une telle collaboration. Ces États ont toujours de nombreux intérêts communs ou apparentés, mais il existe également entre eux plus ou moins d'antithèses. Il résulte de la nature même de la politique actuelle et des problèmes qui s'y présentent que, dans les États et les groupements d'États d'aujourd'hui, les hommes politiques, les partis, la presse et les autres organes de l'opinion publique sont très souvent portés à ressentir et accentuer les oppositions qui séparent leurs divers États, tout en oubliant les intérêts communs qui devraient les rapprocher. Il est donc dans l'intérêt de la mission de la Société des Nations, et c'est aussi le devoir des hommes d'États responsables, de constater et de préciser de plus en plus les intérêts communs ou apparentés de ces États, et par là, de rendre toujours plus possible, de perfectionner et d'organiser entre eux une collaboration ayant pour objet d'atteindre les buts fixés par le Pacte. En ce faisant, il arrive assez souvent qu'on s'aperçoive que ce qui était auparavant considéré comme opposition ne l'était pas en réalité. De plus, les divergences réelles pourront être beaucoup plus aisément réglées dans le cadre des intérêts communs qu'il n'était possible de le faire antérieurement. En tous cas, dès qu'ils auront pleine conscience de leurs intérêts communs, les États ne seront plus portés à recourir à la force pour régler leurs différends.

Puisque le Gouvernement tchécoslovaque a toujours été partisan de l'organisation de la coopération entre États dans des régions géographiques plus restreintes, il l'est aussi de l'organisation de cette coopération dans une région plus vaste, c'est-à-dire entre tous les États de l'Europe. Toutefois, des doutes ont été exprimés de plusieurs côtés au sujet de la réalisation pratique de ce plan. Mais le Gouvernement tchécoslovaque est d'avis qu'après le terrible cataclysme amené par la guerre, il s'impose à tous les hommes d'État conscients de leur tâche d'examiner sérieusement les initiatives de ce genre et de ne négliger aucune tentative pour parvenir à les réaliser. Aussi accueille-t-il volontiers la proposition contenue dans le Memorandum français de tracer le plan et de préparer une semblable organisation, et il est prêt à y participer de toutes ses forces. Il est d'avis qu'actuellement, après la liquidation de la guerre mondiale que les conférences de la Haye et de Paris ont à peu près terminée, rien ne s'oppose plus à ce qu'on entame les discussions et les préparatifs en vue de réaliser cette organisation. Cependant, il se rend, en même temps, bien compte que ce sera une œuvre de longue haleine et qu'il sera nécessaire d'avancer avec beaucoup de précaution, par étapes, tout en se gardant bien de passer à l'étape suivante avant d'avoir expérimenté à tous les points de vue et avec succès l'étape précédente. Si le Gouvernement tchécoslovaque accepte la proposition contenue dans le Mémorandum, il le fait étant convaincu, comme l'est du reste le Gouvernement français, que la participation à une coopération organisée des États de l'Europe ne portera aucunement atteinte au principe de la souveraineté et de l'égalité de droit des États en question, tel qu'il est formulé dans le Pacte de la Société des Nations. En même temps, le Gouvernement tchécoslovaque est persuadé que cette organisation, puisqu'elle serait instituée dans l'intérêt de l'organisation d'une coopération entre tous les États du monde, admet parfaitement aussi la participation des États européens qui possèdent hors d'Europe des intérêts étendus et importants, qu'elle ne peut être aucunement dirigée contre n'importe quel État ou groupe d'États extra-européens, et que, naturellement, elle ne peut déployer son activité que dans l'esprit de la Société des Nations et en pleine harmonie avec elle, comme le Memorandum français lui-même le souligne. Il sera donc parfaitement possible que les travaux tendant à édifier cette organisation, s'accomplissent en étroite collaboration avec la Société des Nations.

Le Gouvernement tchécoslovaque est donc prêt, sous les conditions indiquées ci-dessus et en même temps que les autres États européens, à prendre l'engagement général que les Représentants des Puissances contractantes se réunissent régulièrement, en sessions périodiques ou extraordinaires, pour examiner en commun toutes questions susceptibles d'intéresser en premier lieu les États européens.

De l'avis du Gouvernement tchécoslovaque, il conviendrait peut-être qu'à la réunion des Représentants des États européens qui doit avoir lieu à Genève au cours de la XI⁰ session de l'Assemblée de la Société des Nations, il fût institué un Comité d'études qui, dans la mesure des conclusions auxquelles arriveront les réponses faites au Memorandum du Gouvernement français ainsi que la discussion à laquelle ces conclusions pourraient donner lieu à la réunion de septembre, préparerait pour la réunion de l'année prochaine un projet de statut d'organisation, lequel fixerait, entre autres choses, quels sont les organes que l'organisation des Etats européens doit posséder. Ce statut ne devrait comprendre que les règles les plus fondamentales dans le cadre desquelles l'organisation de la coopération européenne se compléterait graduellement d'après les expériences acquises. Parmi ces règles figurerait celle relative à la conception qu'il faut se faire de la coopération entre les États européens. Cette coopération, en tant qu'il s'agit de problèmes politiques et de problèmes économiques, se manifesterait, de l'avis du Gouvernement tchécoslovaque, puisque ces deux groupes de problèmes sont, l'un vis-à-vis de l'autre, dans un rapport **continuel** d'interdépendance, tantôt plus sur le terrain politique et tantôt davantage sur le terrain économique. De plus, ce statut devrait délimiter, par des règles générales et élastiques, les domaines de travail. l'étendue d'action et les méthodes de l'organisation européenne. Les suggestions contenues à ce sujet dans le Memorandum français fourniront ici certainement des indications précieuses. Dans tous les domaines fixés par le statut, cette organisation, pour ne pas croiser ou contrecarrer l'action de la Société des Nations, exercerait une action propre seulement dans le cas où et pour autant que la Société des Nations n'y aurait pas elle-même déjà engagé son activité. Dans le cas contraire, elle ne tendrait, en général, qu'à constater, préciser et, le cas échéant, formuler les intérêts des Etats européens dans les questions traitées par la Société des Nations, et, avant tout, elle emploierait ses efforts à faciliter et, le cas échéant, à assurer l'exécution des décisions ou des recommandations de la Société des Nations. Il sera peut-être nécessaire d'examiner si le Comité d'étude ne devrait pas élaborer le projet de règles sur l'activité de l'organisation européenne de concert soit avec un Comité que pourrait nommer à cet effet la Société des Nations, soit avec son Secrétariat.

Comme il appert des considérations précédentes, le Gouvernement tchécoslovaque est pleinement d'accord avec les principes énoncés dans le Memorandum français, dont il se borne à souligner spécialement certains passages. En ce qui concerne les points de détail et les questions concrètes, il aura encore l'occasion d'exposer son point de vue à la réunion de septembre des Représentants des États européens.

En vous priant, Monsieur le Ministre, de vouloir bien transmettre au Gouvernement français cette manière de voir du Gouvernement tchécoslovaque au sujet du Memorandum sur l'organisation d'un régime d'Union fédérale européenne, je me permets de vous demander en même temps de l'assurer que le Gouvernement tchécoslovaque considère la proposition contenue dans ledit Memorandum comme entièrement digne de se ranger à côté des manifestations de l'esprit généreux et pacifique de la France, qui ont toujours fait faire un grand pas en avant au progrès de l'humanité.

N° 17.

RÉPONSE DU GOUVERNEMENT SUÉDOIS.

(14 JUILLET 1930.)

Le Gouvernement suédois a pris connaissance avec le plus vif intérêt du Memorandum sur l'organisation d'un régime d'Union fédérale européenne établi par M. Briand à la demande des représentants des 26 États européens, et l'a soumis à un examen approfondi.

Les multiples difficultés d'ordre politique et les graves crises économiques avec lesquelles se trouve aux prises l'Europe d'après-guerre font très certainement apparaître comme utile et même nécessaire une coopération plus étroite entre les États européens. Le Gouvernement suédois, qui, dans la mesure de ses forces, s'est constamment appliqué à exercer son action en faveur d'une détente des oppositions d'intérêts européens actuellement existantes, ne peut donc que saluer avec une sincère satisfaction et une entière sympathie toute initiative ayant pour objet de rendre la coopération entre lesdits États plus intime et plus féconde. C'est dans cet esprit aussi qu'il a examiné le Memorandum de M. Briand et qu'il se déclare ici prêt à participer aux délibérations qui doivent avoir lieu à nouveau à Genève, sur la base des propositions formulées dans ce document.

Le Memorandum affirme la nécessité d'une étroite liaison entre l'organisation projetée des États européens et la Société des Nations, dont cette organisation ne serait nullement destinée à affaiblir l'autorité. Le Gouvernement suédois tient à souligner ce fait et à constater que l'organisation actuelle de la Société des Nations lui paraît offrir, dans la mesure la plus large et dans le cadre même du pacte, la possibilité d'établir une coopération à la fois libre et efficace entre les États européens. Il lui semble hors de conteste aussi que l'œuvre de la Société des Nations a consisté jusqu'ici pour une très grande part à rechercher la solution et à poursuivre le règlement de questions qui étaient au premier chef d'intérêt européen. Or la collaboration apportée à ces efforts par des États extra-européens a eu dans bien des cas, à son avis, des résultats heureux. Il estime dès lors aussi que la coopération des États européens devrait être organisée de manière à réaliser le maximum d'efficacité possible et à éviter en même temps tout ce qui pourrait affaiblir l'intérêt des États extraeuropéens pour la Société des Nations et risquer ainsi de créer des obstacles à cette évolution de la Société dans le sens de l'universalité qui est le vœu de tous ses membres.

En raison des considérations exposées ci-dessus, le Gouvernement suédois hésite à se rallier à l'idée de créer dès à présent une association européenne pourvue d'une organisation complète, avec conférence annuelle, comité exécutif et secrétariat plus ou moins permanent. Il se demande s'il ne serait pas plus opportun de se borner au début, et jusqu'à ce que l'on ait fait les expériences nécessaires, à convoquer les États européens au cours des réunions ordinaires de la Société des Nations suivant une procédure qui pourrait être arrêtée à l'avance, en vue de délibérations communes, toutes les fois que le règlement de questions, présentant pour eux un intérêt direct, paraîtrait susceptible d'être favorisé par cette voie. Le Gouvernement suédois tient à déclarer à cette occasion que certaines questions du domaine économique lui sembleraient, bien que d'une solution malaisée, les plus propres à faire en premier lieu l'objet d'un tel examen collectif. Rien ne paraît s'opposer non plus à ce que les États européens soient appelés à se réunir en conférence en dehors des réunions ordinaires de la Société des Nations dans le cas où ce mode de procéder paraîtrait susceptible d'amener le règlement d'une question spécialement d'intérêt européen.

Le Gouvernement suédois se permet en outre d'exprimer l'avis que, pour aboutir aux résultats favorables visés par le Memorandum, l'organisation des États européens en vue d'une coopération plus étroite devrait être conçue de telle sorte que l'organisation envisagée, quelle qu'en doive être la forme, comprenne la grande majorité desdits États et parmi eux toutes les Puissances européennes représentées d'une façon permanente dans le Conseil de la Société des Nations.

Le Gouvernement suédois a l'honneur enfin de faire connaître que, dans l'esprit des considérations qui précèdent, il autorisera ses représentants à la prochaine Assemblée de la Société des Nations à collaborer aux efforts qui y seront tentés pour organiser une coopération plus étroite entre les États européens.

RÉPONSE DU GOUVERNEMENT LETTON.

(15 JUILLET 1930.)

Le 17 mai 1930, le Gouvernement de la République Française a remis au Gouvernement letton le Memorandum sur l'organisation d'un régime d'Union fédérale européenne en exprimant le désir d'être en possession de sa réponse avant le 15 juillet. Après avoir examiné ce Memorandum très minutieusement et avec la plus grande sympathie, le Gouvernement letton est arrivé aux conclusions suivantes concernant les principales questions qui s'y trouvent soulevées.

Le Gouvernement letton félicite chaleureusement le Gouvernement de la République française de sa généreuse initiative tendant à créer une conscience de solidarité européenne et proposant un plan de constante collaboration entre les différents peuples de l'Europe liés par les origines de leur civilisation et par leur situation géographique.

L'idée d'une coopération plus étroite entre les nations basée sur la confiance mutuelle trouve l'approbation entière du peuple et du Gouvernement letton. Dans les différentes conférences internationales qui ont eu lieu en vue de créer une collaboration plus intime entre les États dans les domaines politique ou économique, la Lettonie s'est toujours rangée parmi les pays qui ont défendu les principes les plus libéraux de la solidarité internationale. Aussi le Gouvernement letton est tout disposé de prêter sa collaboration la plus loyale pour l'organisation d'un régime de l'Union fédérale de l'Europe.

Abordant la première question du Memorandum, le Gouvernement letton approuve entièrement l'idée que les Gouvernements devraient s'entendre pour manifester par un pacte, conçu dans des traits aussi généraux que possible, l'engagement solennel de prendre régulièrement contact, dans des réunions périodiques ou extraordinaires, pour examiner les questions qui intéressent en premier lieu la communauté des peuples européens. Toutefois, le Gouvernement letton tient à souligner particulièrement que, selon son avis, la collaboration des peuples à l'échelle européenne ne saurait avoir des résultats positifs que si aucune nation ne s'en trouve exclue. Dans le cas contraire, la collaboration des peuples européens, insuffisante actuellement, pourrait être gravement compromise et les résultats seraient peut-être tout à fait opposés aux buts qu'avaient en vue les auteurs du Memorandum.

En examinant la question de la nécessité d'un mécanisme propre à assurer à l'Union européenne les organes indispensables à l'accomplissement de sa tâche, le Gouvernement letton s'est préoccupé de prévoir quel aspect pourraient prendre à l'avenir les relations entre l'organisation à créer et la Société des Nations. En aucun cas l'Union européenne ne devrait affaiblir l'autorité de la Société des Nations ni lui enlever une part de ses attributions. Pour éviter cette possibilité, le Gouvernement letton estime que la nouvelle organisation, tout en restant dans le cadre de la Société des Nations, ne devrait pas être dotée d'organes analogues à ceux de cette dernière. Ne serait-il pas préférable de se contenter de la «Conférence européenne» en tant qu'organe unique de l'Union européenne, le bureau de la conférence pouvant assurer l'expédition des affaires administratives dans les périodes entre les sessions de la conférence ? La création de l'Union européenne exigera certainement un temps assez prolongé. Or, au début, la tâche la plus importante serait de coordonner la politique des États européens. La «Conférence européenne» serait un organe parfaitement adapté à cet effet, qui accomplirait sa mission sans paraître et sans être en réalité un organisme faisant double emploi avec la Société des Nations.

Le Gouvernement letton n'a pas d'objection à formuler contre les principes dont s'inspire le programme exposé dans le troisième article du Memorandum. D'après l'expérience acquise lors des dernières grandes conférences économiques ce programme lui paraît être le plus rationnel.

Quant aux questions mentionnées dans le quatrième article, le Gouvernement letton est d'avis qu'il n'y a pas lieu de les examiner dans la présente réponse, et qu'il appartiendrait à la prochaine conférence des États européens de les mettre à l'étude.

N° 19.

RÉPONSE DU GOUVERNEMENT LUXEMBOURGEOIS.
(15 JUILLET 1930.)

Le Gouvernement Grand-Ducal a soumis le Memorandum du Gouvernement de la République sur l'organisation d'un régime d'Union fédérale européenne à un examen attentif. Conscient des bienfaits qu'une association des États européens constituerait pour l'avenir de l'Europe, il n'hésite pas à donner son adhésion à une œuvre qui tend à établir par des liens conventionnels la solidarité politique et morale des peuples de l'Europe. Il accepte donc volontiers de se faire représenter à la Conférence dont le Gouvernement de la République envisage la réunion à Genève pour le mois de septembre prochain.

La politique extérieure du Grand-Duché ayant toujours été inspirée par une même amitié traditionnelle à l'égard de tous les États étrangers, le Gouvernement Grand-Ducal applaudit à l'affirmation du principe que l'organisation européenne envisagée ne saurait s'opposer à aucun groupement ethnique, sur d'autres continents ou en Europe, même en dehors de la Société des Nations.

Le Gouvernement Grand-Ducal est d'accord aussi avec le Gouvernement de la République pour reconnaître que l'institution du lien fédéral recherché entre Gouvernements européens ne saurait affecter en rien aucun des droits souverains des États membres d'une telle association de fait, et que c'est sur le plan de la souveraineté absolue et de l'entière indépendance politique que doit être réalisée l'entente entre nations européennes.

I.

C'est avec une vive satisfaction que le Gouvernement Grand-Ducal a pris connaissance de l'affirmation du Memorandum du Gouvernement de la République, que l'association projetée se réalisera dans le cadre de la Société des Nations, dont elle aura pour mission de préparer et de faciliter la coordination des activités proprement européennes. Si cette subordination de l'Union à la Société des Nations ne restreint pourtant pas nécessairement, dans ses travaux immédiats aussi bien que dans son évolution future, la nouvelle association aux États qui sont membres de la Société des Nations, il peut paraître désirable que les activités de la Société des Nations et de l'Union européenne s'organisent dans une communauté de principes de coopération et d'entente qui seraient également reconnus par le Pacte de la Société des Nations et par celui de l'Union européenne.

Le Gouvernement Grand-Ducal reconnaît donc la grande utilité d'un pacte d'ordre général qui indiquerait l'objectif essentiel de la nouvelle association et l'orientation générale de la politique commune.

II.

La prochaine Conférence européenne, en établissant la marche et l'étendue des travaux ultérieurs, sera le mieux à même d'indiquer la nature et le nombre des organes nécessaires à l'accomplissement de la tâche projetée. Le Gouvernement Grand-Ducal est d'avis qu'il serait dans l'intérêt du but poursuivi que tous les Etats européens fussent admis à participer à l'organisation politique et administrative de l'Union. Cette collaboration continue de chaque peuple créera le sentiment des responsabilités collectives si nécessaire à l'action commune, et renforcera la conscience de l'interdépendance et de l'entr'aide dans laquelle devra évoluer la communauté européenne.

III.

a. Dans la nécessité d'arrêter d'avance les directives essentielles qui devront déterminer les conceptions générales en vue de l'élaboration du programme d'organisation européenne, le Memorandum relève que c'est sur le plan politique que devrait être porté d'abord l'effort constructeur tendant à donner à l'Europe sa structure organique. Si le Gouvernement Grand-Ducal reconnaît pleinement la grande utilité d'un accord préalable d'ordre politique, il est pourtant d'avis que cette subordination du problème économique au problème politique n'est pas si absolue qu'à défaut d'un accord politique elle rende impossible un accord dans le domaine économique. Le Gouvernement Grand-Ducal est en effet convaincu qu'une entente dans les domaines économique et douanier serait de nature à rapprocher considérablement les intérêts politiques des États européens.

b. Le Gouvernement Grand-Ducal est heureux de constater que dans l'organisation de la coopération politique européenne le Gouvernement de la République attache une grande importance au développement de l'arbitrage international. Le Gouvernement Grand-Ducal y donne une adhésion sans réserves et verrait dans l'extension générale de l'arbitrage international un gage certain de la consolidation de la paix. Le Gouvernement Grand-Ducal applaudit aussi à l'extension de la politique des garanties internationales inaugurée à Locarno, tout en se rendant compte que, dans tout système d'assistance mutuelle, sa collaboration ne pourrait être que très réduite, la situation géographique du pays et l'absence totale de ressources militaires l'obligeant dans tous les cas à une stricte neutralité militaire.

IV.

La détermination du champ de la coopération européenne et de ses méthodes d'organisation soulèvera, comme l'indique le Memorandum du Gouvernement de la République, de multiples problèmes dans tous les domaines de l'activité internationale. N'en excluant aucun, le Gouvernement Grand-Ducal se réserve de faire connaître son attitude à l'égard de tout problème que la prochaine assemblée européenne mettra à l'étude.

N° 20.

RÉPONSE DU GOUVERNEMENT ALBANAIS.

(16 JUILLET 1930.)

Le Gouvernement albanais a accueilli avec sympathie tout essai d'organisation en vue de la consolidation de la paix; il a considéré avec un intérêt tout particulier l'important projet du Gouvernement de la République sur l'Union fédérale européenne, estimant que la paix et la sécurité internationales, vers lesquelles il tend, sont les conditions essentielles et indispensables grâce auxquelles les États, et surtout les petits États, peuvent s'organiser, prospérer et accroître leur bien-être. C'est par conséquent de tout cœur que le Gouvernement Royal se rallie à l'idéal conçu par M. Briand, sûr que sa réalisation, en créant de nouveaux liens entre les peuples européens et en affermissant ceux qui existent déjà, fera disparaître le malaise qui plane actuellement sur les relations internationales.

Il est heureux de constater que dans l'intention du Gouvernement de la République la nouvelle association européenne ne saurait porter préjudice à l'action de la Société des Nations et à la confiance que les peuples nourrissent de la voir un jour devenir l'arbitre incontesté dans les relations des États. En ce qui concerne les directives essentielles qui devront guider l'action de l'Union fédérale, le Gouvernement albanais ne peut s'empêcher de relever que le domaine économique présente des problèmes plus accessibles et que leur solution, faisant accroître la confiance réciproque des États et la pacification réelle des esprits, rendrait plus abordables les questions politiques.

Sur les autres points du Memorandum, le Gouvernement albanais se réserve de formuler son avis à la future Conférence internationale qui s'occupera de l'organisation de l'Union fédérale, la réalisation de laquelle étant considérée de la plus grande importance pour le bien de l'humanité.

N° 21.

RÉPONSE DU GOUVERNEMENT BRITANNIQUE.

(16 JUILLET 1930.)

(*TRADUCTION.*)

1. Le Gouvernement de Sa Majesté dans le Royaume Uni a examiné avec un profond intérêt le projet d'organisation d'un système d'Union fédérale européenne présenté par le Gouvernement français dans son Memorandum du 17 mai. Il estime que des propositions aussi importantes par leur but et leur portée demandent une étude attentive et prolongée. Le Gouvernement de Sa Majesté dans le Royaume Uni considère également qu'il serait de son devoir d'entreprendre cet examen en consultation avec tous les Gouvernements de Sa Majesté dans le *British Commonwealth*.

2. Voulant cependant donner satisfaction à la demande du Gouvernement français de recevoir ses observations sur les propositions exposées dans le Memorandum le 15 juillet au plus tard, il a décidé de lui adresser la présente note, mais il désire qu'il soit entendu que les observations et les suggestions qu'elle renferme ont un caractère préliminaire et provisoire.

3. Le Gouvernement de Sa Majesté dans le Royaume Uni comprend, aux termes du Memorandum, que l'objet essentiel du Gouvernement français est de détourner l'attention des peuples de l'Europe des hostilités du passé et des conflits d'intérêts entre eux dont on affirme quelquefois l'existence et de l'attirer en revanche sur les intérêts plus importants qu'ils possèdent aujourd'hui en commun. Le Gouvernement français espère par ses propositions favoriser une coopération plus intime entre les nations et les gouvernements d'Europe, et renforcer de la sorte les garanties contre une nouvelle guerre européenne.

4. Le Gouvernement de Sa Majesté dans le Royaume Uni éprouve la plus grande sympathie pour ce dessein. C'est un axiome de la politique de Sa Majesté que le premier des intérêts britanniques est la paix. Les mesures destinées à assurer la paix recevront donc son appui immédiat et chaleureux. Il a le vif espoir que l'initiative du Gouvernement français amène une meilleure compréhension par les peuples européens des intérêts qu'ils possèdent en commun, et qu'elle conduise ainsi à une plus grande confiance mutuelle entre leurs gouvernements ainsi qu'à une diminution des obstacles au commerce international et à la coopération économique qui existent actuellement.

5. Le Gouvernement de Sa Majesté dans le Royaume Uni est aussi d'accord avec le Gouvernement français pour penser que c'est avant tout dans le domaine des relations économiques qu'une coopération plus étroite entre les nations d'Europe est urgente et souhaitable.

6. Il estime également avec lui que, si l'on veut obtenir une coopération économique et une action concertée effective, il est indispensable que les questions économiques soient envisagées, non pas l'une après l'autre et en tenant compte d'intérêts isolés, mais comme formant un tout et en se plaçant au point de vue plus large des intérêts généraux en cause. Les progrès, pour des questions de cette nature, dépendent de la mesure dans laquelle les Gouvernements et l'opinion publique des différents pays seront amenés à comprendre l'importance vitale de leurs intérêts communs et les avantages que tous retireront des initiatives qui accroîtront la solidarité internationale. Si, comme le reconnaît le Gouvernement français, il convient de respecter l'indépendance et la souveraineté nationale de chaque pays, ainsi que les liens particuliers qui affectent des groupes particuliers de nations, néanmoins, les autorités politiques peuvent beaucoup contribuer à faire prévaloir des conceptions plus larges en matière économique. Pour autant que l'action politique vise cet objet, le Gouvernement de Sa Majesté dans le Royaume Uni accepte la proposition faite dans le Memorandum en vue de l'association des autorités économiques et politiques.

7. A l'égard toutefois des méthodes proposées par le Gouvernement français pour la réalisation de son dessein, le Gouvernement de Sa Majesté dans le Royaume Uni éprouve plus de difficulté. Il n'est pas convaincu qu'un examen poursuivi en toute connaissance de cause montrera que l'établissement d'institutions internationales nouvelles et indépendantes soit nécessaire ou désirable.

8. Si le Gouvernement britannique a bien compris les propositions contenues dans le Memorandum, le Gouvernement français suggère la création d'une nouvelle Conférence européenne, d'un Comité exécutif européen et peut être aussi d'un nouveau Secrétariat européen. Ces organes ne tiendraient en aucune façon leurs pouvoirs du Pacte de la Société des Nations ou de la partie XIII du traité de Versailles. Ils ne seraient pas régis par les règles et les garanties que ces instruments édictent. Ils ne seraient pas rattachés organiquement à la Société des Nations, et il n'y aurait corrélation entre leurs travaux et ceux des organes de la Société des Nations que lorsqu'ils l'auraient résolu en vertu d'une décision précise et spontanée dans un cas donné. Attendu que les organes de la Société des Nations ont déjà commencé à travailler en fait sur l'ensemble du programme d'action pratique que présente le Memorandum, il est difficile de voir comment ces nouvelles institutions européennes pourraient fonctionner sans engendrer la confusion et peut-être aussi créer une rivalité qui, si éloignées qu'elles soient des intentions ou des désirs des Gouvernements européens, ne sauraient guère manquer de diminuer l'efficacité et l'autorité des organes de la Société des Nations.

9. En dehors de ce problème très difficile de la coordination, le Gouvernement de Sa Majesté dans le Royaume Uni estime possible qu'une Union européenne exclusive et indépendante de la nature qui est proposée accentue ou suscite des tendances à des rivalités et des hostilités intercontinentales qu'il importe, dans l'intérêt général, de diminuer ou d'éviter. Il est à son avis indispensable que les mesures prises pour resserrer la coopération européenne ne provoquent ni d'inquiétude ni de mécontentement dans aucun autre continent. Si cet objectif ne demeurait pas continuellement présent à l'esprit, le Gouvernement de Sa Majesté dans le Royaume Uni est persuadé

que des intérêts plus larges encore pour l'Europe et pour le monde pourraient être mis sérieusement en danger. Il apparaîtra certainement au Gouvernement français qu'il existe à cet égard des considérations particulières dont le Gouvernement de Sa Majesté dans le Royaume Uni, en sa qualité de membre du *British Commonwealth of Nations*, doit tenir compte.

10. En outre, le Gouvernement de Sa Majesté dans le Royaume Uni est enclin à penser que le dessein que se propose le Gouvernement français pourrait être effectivement réalisé, en adaptant les propositions présentées dans le Memorandum de façon à les faire entrer entièrement dans le cadre de la Société des Nations. Il est frappé par le fait que la réunion de la Conférence sanitaire de Varsovie de 1922 et la reconstitution de la Hongrie et de l'Autriche (pour s'en tenir à quelques exemples seulement parmi beaucoup d'autres qui pourraient être cités), bien que se rapportant aux intérêts et aux préoccupations européennes, ont été traitées efficacement par les rouages existants de la Société des Nations. Il est donc convaincu qu'il serait possible, en créant peut-être des comités européens de l'Assemblée, du Conseil et des organisations techniques de la Société, ou bien par d'autres moyens, d'établir les rouages nécessaires pour développer une coopération européenne plus intime, sans s'exposer aux risques et difficultés qu'un système d'institutions nouvelles et indépendantes pourrait entraîner.

11. Le Gouvernement de Sa Majesté dans le Royaume Uni croit d'ailleurs qu'il s'agit de questions qui ne peuvent être traitées d'une façon adéquate que dans une libre discussion entre les Gouvernements intéressés, après que chacun d'entre eux aura eu le temps d'examiner entièrement et sous tous leurs aspects les propositions qui ont été faites. Étant donné que, pour les raisons énoncées ci-dessus, ces propositions affectent intimement, non seulement les Gouvernements d'Europe, mais ceux de tous les pays membres de la Société des Nations, le Gouvernement de Sa Majesté dans le Royaume Uni espère que le Gouvernement français jugera souhaitable que son Memorandum figure à l'ordre du jour de la prochaine Assemblée.

12. Le Gouvernement de Sa Majesté dans le Royaume Uni a le vif espoir que ces observations et suggestions provisoires pourront rencontrer l'approbation du Gouvernement français et que, grâce à une procédure de la nature de celle qui est indiquée ci-dessus, des résultats pratiques d'une valeur véritable seront obtenus.

N° 22.

RÉPONSE DU GOUVERNEMENT BELGE.

(17 JUILLET 1930.)

La proposition du Gouvernement français d'organiser un régime d'Union fédérale européenne s'inspire d'une pensée généreuse, qui appelle la plus sincère approbation.

Elle tend à consolider la paix et à développer la prospérité générale.

Aussi le Gouvernement belge apporte-t-il son entière adhésion au principe de l'Union européenne. Il confirme ainsi pour sa part les sentiments favorables que manifestèrent unanimement les représentants qualifiés des États, réunis le 9 septembre 1929 à Genève. Il se déclare en même temps disposé à s'associer aux efforts qui seraient entrepris en vue d'atteindre ce noble idéal.

Suivant la procédure qui fut adoptée d'un accord général, le Memorandum du Gouvernement de la République précise les points qui devraient faire l'objet d'études ultérieures et sur lesquels les autres Gouvernements sont dès à présent invités à donner leur avis. Il s'agit essentiellement de déterminer comment il faut concevoir l'entente des États européens, quels moyens et quelles méthodes il convient d'adopter pour la réaliser.

Le Gouvernement français propose de lui donner une base conventionnelle et la forme d'un régime d'union fédérale.

Il a soin cependant d'ajouter que l'entente doit se réaliser dans le cadre de la Société des Nations. «La recherche d'une formule de coopération européenne en liaison avec la Société des Nations, dit-il, loin d'affaiblir l'autorité de cette dernière, ne doit tendre et ne peut tendre qu'à l'accroître, car elle se rattache étroitement à ses vues.

«Il ne s'agit nullement de constituer un groupement européen en dehors de la S. D. N., mais au contraire d'harmoniser les intérêts européens sous le contrôle et dans l'esprit de la S. D. N., en intégrant dans son système universel un système limité, d'autant plus effectif. La réalisation d'une organisation fédérative de l'Europe serait toujours rapportée à la S. D. N., comme un élément de progrès à son actif dont les nations extra-européennes elles-mêmes pourraient bénéficier.»

Le Gouvernement du Roi adhère pleinement à cette observation préliminaire, qu'il tient pour essentielle. Elle implique, d'après lui, que l'entente européenne doit se réaliser par le développement des institutions de la Société des Nations, en s'attachant avant tout à les compléter et à les perfectionner.

L'état d'incoordination où se trouvent les forces matérielles et morales de l'Europe ne pose point à vrai dire un problème nouveau. Il est, depuis dix ans, un sujet de préoccupation et d'études. D'importantes délibérations y furent consacrées, soit dans les Assemblées de la Société des Nations, soit dans les grandes Conférences internationales convoquées sous son autorité, Conférence financière de Bruxelles en 1920, Conférence économique de Genève en 1927.

S'inspirant de ces préoccupations, le chef de la Délégation belge attirait l'attention, au cours de la Xe Assemblée, sur la situation économique de l'Europe et il en dégageait la nécessité d'ententes collectives. D'éminents hommes d'État s'exprimèrent dans le même sens. A la suite d'un débat approfondi, une solution fut adoptée qui traçait le plan d'une action concertée.

Une première conférence fut prévue pour une date rapprochée. Convoquée par le Conseil de la Société des Nations, elle se réunit en février à Genève. Elle avait essentiellement pour objet l'état des échanges commerciaux en Europe. Tous les États européens membres de la Société des Nations y participèrent et, seuls des autres continents, trois États s'y firent représenter. Deux actes sortirent de ses délibérations. Seuls les États européens y apposèrent leur signature. A titre de mesure préliminaire, le premier tend à établir en Europe une stabilité temporaire des accords commerciaux et des tarifs douaniers. Le second fixe le programme des négociations collectives que les vingt-trois États signataires ont convenu d'entreprendre à la faveur de l'apaisement que doit favoriser l'accord précédent. Ces négociations auront pour but de réaliser une coopération plus étroite entre États européens, d'améliorer le régime de leur production et de leurs échanges, d'élargir leurs marchés. Elles se poursuivront sous l'autorité de la Société des Nations et avec le concours de son organisation économique.

L'expérience ainsi entreprise fournit dès maintenant un précieux enseignement. Elle révèle que le principe d'universalité sur lequel repose la Société des Nations ne fait point obstacle à ce que les États Européens étudient de concert les problèmes qui les concernent particulièrement et s'efforcent d'instaurer entre eux une coopération plus étroite. Elle montre aussi qu'une entente européenne peut se réaliser dans le champ d'action des organismes existants.

Ce n'est point là, au surplus, une complète innovation. Le Memorandum du Gouvernement français le rappelle opportunément : «La Société des Nations elle-même, dans l'exercice général de son activité, a eu plus d'une fois à tenir compte du fait de cette unité géographique que constitue l'Europe et à laquelle peuvent convenir des solutions communes dont on ne saurait imposer l'application au monde entier». Certaines questions dont elle poursuit depuis plusieurs années l'examen sont spécifiquement continentales. Tel est le cas notamment pour celles qui se rapportent aux communications par voies navigables, par routes, par voies ferrées, ou au transport et à la distribution de l'énergie électrique.

Pour atteindre le but que le Gouvernement de la République propose à l'Europe, le Gouvernement du Roi pense qu'il convient essentiellement de poursuivre, au sein de la Société des Nations, l'action qui s'y déploie déjà. Il faut, en la continuant, lui donner plus d'intensité et la rendre plus systématique; il faut enfin, par une judicieuse spécialisation, y mieux adapter les organes de la Société. Par cet effort progressif et cette méthode prudente, l'Union européenne s'accomplira sans que l'autorité de la Société des Nations et l'harmonie entre les éléments qui la constituent, puissent être compromis. Ainsi se dissiperont les appréhensions que toute innovation dans l'ordre international peut susciter.

Ce sont là les considérations d'ordre général que le Gouvernement belge a tenu à exposer avant de donner son avis sur les divers points soumis à son examen.

I

NÉCESSITÉ D'UN PACTE D'ORDRE GÉNÉRAL.

Le Gouvernement belge approuve l'idée d'un pacte d'ordre général affirmant le principe de l'union morale européenne et consacrant solennellement la solidarité entre États européens. Les termes n'en pourront être arrêtés qu'après les échanges de vues auxquels donnera lieu le rapport du Gouvernement français lors de la prochaine Assemblée de la Société des Nations, lorsque le principe de l'union sera définitivement admis par les Gouvernements.

S'inspirant d'une suggestion formulée par le Gouvernement français, la Belgique croit qu'il serait utile de préciser dans le pacte projeté que l'activité de l'Union européenne s'exercerait dans le cadre de la Société des Nations et qu'elle demeurerait par conséquent soumise aux dispositions du Covenant, qui forme une base admise par tous les États consultés.

II

NÉCESSITÉ D'UN MÉCANISME PROPRE A ASSURER À L'UNION EUROPÉENNE SES ORGANES INDISPENSABLES.

Le Memorandum propose de créer deux organes, l'un représentatif et responsable, « la Conférence européenne », et l'autre exécutif, politique et permanent, « le Comité européen ». Le Memorandum suggère que le premier, composé des représentants de tous les Gouvernements européens membres de la Société des Nations, soit l'organe directeur essentiel de l'Union, en liaison avec la Société des Nations, et que ses pouvoirs et son organisation soient déterminés à la prochaine réunion des Gouvernements.

Le Gouvernement belge reconnaît l'utilité d'une conférence comprenant les représentants de tous les Gouvernements européens membres de la Société des Nations. Il est d'avis que les échanges de vues qui se produiront au cours de la prochaine réunion de Genève pourront seuls donner des éclaircissements sur le rôle, les attributions et les méthodes de travail de cette conférence.

Il ne croit pas qu'il y ait opportunité à créer un organisme exécutif sous la forme d'un Comité politique permanent. En ce moment, « il importe essentiellement », selon les propres termes du Memorandum, « de s'en tenir aux données initiales de quelques vues très simples ».

L'élaboration du programme de coopération européenne et l'examen des procédures de réalisation appartiennent à la Conférence. Celle-ci pourrait au besoin en charger des commissions, choisies parmi ses membres, et dont elle conserverait le contrôle direct.

Le Gouvernement belge estime, comme il l'a dit plus haut, qu'il convient de réaliser la coopération européenne en développant les institutions de la Société des Nations qui peuvent s'y consacrer le plus utilement, et en les adaptant par une judicieuse spécialisation, à cette tâche nouvelle. Il pense que les travaux de secrétariat, la documentation et les études nécessaires à la Conférence européenne devraient être confiés aux services compétents du Secrétariat de la Société des Nations, conformément à la procédure adoptée pour l'accomplissement de l'action collective en matière économique.

III

NÉCESSITÉ D'ARRÊTER D'AVANCE LES DIRECTIVES ESSENTIELLES.

Le Memorandum du Gouvernement français indique en premier lieu parmi ces directives essentielles la subordination générale du problème économique au problème politique. Il insiste sur la nécessité de porter tout d'abord sur le plan politique «l'effort constructeur tendant à donner à l'Europe sa structure organique», et il souligne que la sécurité est à la base de tout progrès dans l'ordre économique.

Certes, la coordination des activités économiques progresserait difficilement là où ne règneraient point la confiance et la sécurité. L'extension des procédures de conciliation, de règlement judiciaire et d'arbitrage, la multiplicité des accords régionaux d'après le modèle des traités de Locarno, la réduction progressive des diverses formes d'armement, sont de nature à favoriser la coopération économique entre les nations.

Mais la proposition inverse est tout aussi vraie. Ainsi que le proclamait une Résolution adoptée, sur la proposition de la Délégation française, par la V⁰ Assemblée de la Société des Nations, «la paix économique contribuera grandement à assurer la sécurité des peuples».

Sans être subordonnés l'un à l'autre, les deux mobiles principaux de l'activité des peuples, la Politique et l'Économique, exercent l'un sur l'autre une action réciproque.

Si importants cependant que soient les problèmes politiques, on ne peut contester qu'une action solidaire des États européens dans le domaine économique soit aujourd'hui hautement nécessaire. Elle ne répond pas seulement à une aspiration généreuse; elle est imposée par les faits. Les conditions actuelles de la production requièrent des bases de plus en plus larges, et l'expérience révèle déjà d'une manière éclatante l'infériorité dans laquelle se trouvent les producteurs continentaux contenus dans des unités économiques trop étroites. L'action collective entreprise conformément à la Résolution de la X⁰ Assemblée est parmi celles dont l'utilité paraît la plus certaine et la plus immédiate.

IV

OPPORTUNITÉ DE RÉSERVER, SOIT À LA PROCHAINE CONFÉRENCE EUROPÉENNE SOIT AU FUTUR COMITÉ EUROPÉEN, L'ÉTUDE DE TOUTES QUESTIONS D'APPLICATION.

Les questions d'application seraient réservées comme sujets d'étude aux futures réunions de la Conférence. On y déterminerait la nature et les limites du champ de coopération européenne, les méthodes à employer et les méthodes de collaboration entre l'Union et les pays situés en dehors d'elle.

Le Gouvernement belge est d'avis, comme le suggère le Memorandum, d'attendre, pour discuter ces questions, que la prochaine réunion de Genève ait jeté les bases du régime d'Union fédérale européenne.

En faisant part au Gouvernement de la République Française des observations que lui a suggérées l'examen du Memorandum, le Gouvernement belge tient à lui exprimer de nouveau le vif intérêt et la profonde sympathie avec lesquels il a accueilli la grande idée dont S. E. M. Briand avait déjà donné une première esquisse à Genève, au mois de septembre dernier. La Belgique souhaite qu'une adhésion unanime permette la réalisation de l'Union fédérale européenne et l'accomplissement de son œuvre de prospérité et de paix.

N° 23.

RÉPONSE DU GOUVERNEMENT IRLANDAIS.

(17 JUILLET 1930.)

(*Traduction.*)

Conformément à la procédure adoptée lors de la réunion préliminaire des représentants des États européens membres de la Société des Nations, tenue à Genève le 9 septembre 1929, le Gouvernement irlandais a l'honneur de soumettre ses vues touchant le Memorandum sur l'organisation d'un régime d'Union Fédérale Européenne qui lui a été adressé, pour examen, par le Gouvernement de la République Française.

Le Gouvernement irlandais désire tout d'abord proclamer son admiration pour la manière si remarquable et si heureuse dont le problème a été exposé par le Gouvernement français, ainsi que son sentiment profond des services déjà rendus à l'idéal élevé de l'Union européenne par l'énergie inlassable et l'enthousiasme sans limite avec lesquels le Gouvernement de la République Française s'est acquitté de la tâche que lui avaient confiée les États européens.

*
* *

Avant de présenter ses observations touchant les différents points sur lesquels le Gouvernement français l'a invité à formuler son opinion, le Gouvernement irlandais désire indiquer son attitude touchant le principe général dont s'inspire le Memorandum du Gouvernement français et sur lequel reposent les propositions et les suggestions qui y sont contenues.

Le Gouvernement irlandais reconnaît franchement que la contiguïté géographique des États d'Europe crée entre ces États un lien naturel qui doit, sous le jeu des conditions européennes et mondiales, constituer un facteur tendant à une association plus intime de ces États pour des fins politiques et économiques.

Mais la mesure dans laquelle ce lien naturel s'accompagne, chez les différents États, du sentiment d'une communauté d'intérêts doit dépendre entièrement de facteurs (situation géographique, affinités de race, traditions historiques) qui varient selon ces États. Manifestement l'État libre d'Irlande est profondément intéressé, du point de vue politique aussi bien que du point de vue économique et social, à tous les événements qui affectent la paix et le bien-être de l'Europe, mais il est également évident qu'ils ne le concernent pas aussi immédiatement que les autres États d'Europe dont les intérêts sont liés plus intimement aux destinées de la communauté européenne. Il est donc naturel que le sentiment de l'union morale de l'Europe ne s'exprime pas avec autant de force dans l'État libre d'Irlande que dans d'autres nations du Continent. En outre, il existe à cet égard un autre facteur important qu'il ne faut pas perdre de vue. Pendant de nombreuses décades, l'Irlande a été **un pays de forte émigration**, et les nombreux millions de membres de la race irlandaise qui comptent aujourd'hui parmi les populations des continents américain et australien créent entre l'État libre d'Irlande et ces régions du monde un lien d'union morale qui ne le cède en force en aucune façon à celui qui existe entre l'Irlande et les autres États européens.

I

NÉCESSITÉ D'UN PACTE D'ORDRE GÉNÉRAL, AUSSI ÉLÉMENTAIRE FT-IL,Û POUR AFFIRMER LE PRINCIPE DE L'UNION MORALE EUROPÉENNE ET CONSACRER SOLENNELLEMENT LE FAIT DE LA SOLIDARITÉ INSTITUÉE ENTRE ÉTATS EUROPÉENS.

Pour en venir donc aux propositions concrètes du Gouvernement français, un pacte général qui, tout en affirmant le principe de l'union morale de l'Europe, ne tiendrait pas compte des liens qui rattachent l'État libre d'Irlande à d'autres continents n'exprimerait que partiellement l'orientation véritable de la conscience politique irlandaise. De tels liens sont pour une large part d'ordre sentimental, mais ils constituent des facteurs concrets et objectifs lorsqu'il s'agit d'examiner la proposition faite aux État s d'Europe d'affirmer en principe le sentiment du lien d'union morale qui existe entre eux et, en partant de ce principe, tendent à l'établissement d'un régime d'organisation fédérale.

Le Gouvernement irlandais ne croit pas qu'il y ait lieu pour le moment d'indiquer son attitude à l'égard d'un pacte de caractère général qui pourrait être établi conformément aux propositions faites dans la partie I du Memorandum du Gouvernement français. Il considère cependant qu'un accord de la nature indiquée aurait les plus grandes chances de succès s'il était conçu directement sous les auspices de la Société des Nations et s'il se limitait en principe à la simple reconnaissance du fait que le groupement géographique des États d'Europe donne naissance à des intérêts et à des problèmes particuliers à l'Europe qu'il appartient essentiellement aux États européens de coordonner et de résoudre.

De plus, le Gouvernement irlandais considère que, dans son application pratique, un accord de ce genre devrait reposer sur le principe que chaque État partie à l'accord sera seul juge de la manière et de la mesure dans laquelle il devra coopérer à la poursuite des objets de l'association. Dans l'opinion du Gouvernement irlandais, les conditions en Europe ne sont pas telles encore et le sentiment des intérêts communs n'est pas encore suffisamment fort pour que l'on puisse escompter qu'un accord quelconque qui irait plus loin et imposerait à ses signataires une responsabilité collective dans des problèmes qui ne les concerneraient pas individuellement rencontre plus qu'un degré très limité d'acceptation.

II

NÉCESSITÉ D'UN MÉCANISME PROPRE À ASSURER À L'UNION EUROPÉENNE LES ORGANES INDISPENSABLES À L'ACCOMPLISSEMENT DE SA TÂCHE.

Le Gouvernement irlandais a accordé une attention toute particulière à la question du mécanisme qui doit fournir aux États européens les organes essentiels leur permettant d'atteindre leurs objectifs communs, et cela en raison des répercussions que l'établissement du mécanisme d'ensemble proposé dans le Memorandum doit exercer sur l'organisation de la Société des Nations.

Le Memorandum propose comme organe directeur essentiel une Conférence européenne composée des représentants de tous les Gouvernements européens qui font partie de la Société des Nations, et un organe exécutif sous forme d'un Comité politique permanent composé des représentants d'un certain nombre des membres de la Conférence. Un Secrétariat permanent ainsi que la formation de Comités techniques sont également envisagés. Il est proposé aussi que la Conférence se réunisse à Genève à la même époque que l'Assemblée de la Société des Nations, que les réunions du Comité exécutif aient lieu également à Genève et coïncident avec les sessions du Conseil. Le Secrétariat enfin aurait son siège à Genève.

Le Gouvernement irlandais considère que la création d'un mécanisme de ce genre, et plus particulièrement la juxtaposition proposée des organes de l'Association européennes aux rouages de la Société des Nations, ne peut manquer d'exercer des réactions qui pourraient finalement rendre inefficace l'activité des deux organisations. Cette possibilité constitue à son avis un aspect des propositions actuelles qui s'impose à l'examen le plus attentif des Gouvernements de tous les États intéressés. L'organisation pacifique de l'Europe est un idéal auquel le Gouvernement irlandais a déjà prouvé son attachement, mais, dans la poursuite même de cet idéal, le Gouvernement irlandais hésiterait à prendre des mesures quelconques qui risqueraient, même de façon lointaine, de compromettre la marche des travaux de la Société des Nations dans l'intérêt de la paix universelle.

Cette considération amène à demander si la recherche effective des objectifs de l'Association proposée nécessite la création de nouveaux organes, tels que ceux qui sont actuellement suggérés, lesquels existeraient et fonctionneraient de façon plus ou moins indépendante dans le cadre de la Société des Nations. La réponse à cette question dépendra pour une très large part de la tendance de la politique qui sera poursuivie et de la nature du rôle qui incombera à l'Association nouvelle. A cet égard, le Gouvernement irlandais estime que l'objectif essentiel de toute association des États d'Europe devrait être la réalisation complète chez ses membres des différentes politiques et des différents programmes déjà adoptés par la Société des Nations ou qu'elle adopterait à l'avenir. Chacun sait que, même chez les États européens, beaucoup de ces mesures et de ces programmes n'ont pas été encore dans la pratique acceptés complètement ou n'ont pas reçu un développement absolu. Dans la mesure et aussi longtemps que cet état de choses subsistera, leur réalisation constitue un idéal à la poursuite duquel les efforts concertés des États d'Europe s'exerceraient de la façon la plus heureuse et la plus féconde. Si cet idéal était atteint, les aspirations les plus complètes de la communauté européenne se trouveraient accomplies.

Afin de préparer les voies à ce résultat, le Gouvernement irlandais considère que les ressources existantes dont disposent actuellement tous les États membres de la Société devraient être utilisées à plein rendement; il croit que s'il en était ainsi on constaterait que ces ressources suffisent pleinement. Le Gouvernement irlandais n'est pas convaincu que les objectifs communs des États d'Europe seraient rapprochés de leur réalisation si l'on faisait appel pour les atteindre à un mécanisme nouveau et qui n'a pas encore été expérimenté.

III

NÉCESSITÉ D'ARRÊTER D'AVANCE LES DIRECTIVES ESSENTIELLES QUI DEVRONT DÉTERMINER LES CONCEPTIONS GÉNÉRALES DU COMITÉ EUROPÉEN ET LE GUIDER DANS SON TRAVAIL D'ÉTUDE POUR L'ÉLABORATION DU PROGRAMME D'ORGANISATION EUROPÉENNE.

On fait observer que le troisième point énoncé dans le Memorandum présume que l'Association proposée établira un Comité européen lequel aura notamment pour rôle de préparer le programme de l'organisation européenne. L'opinion du Gouvernement irlandais sur la question du mécanisme de l'association des États d'Europe projetée a été exposé dans les paragraphes qui précèdent, et ses observations sur le troisième point doivent donc être interprétées en tenant compte de l'opinion ainsi formulée.

Quel que soit le mécanisme finalement adopté pour réaliser les fins de l'Association proposée, le Gouvernement irlandais estime que les principes essentiels qui détermineront son rôle et le guideront dans l'exercice des fonctions qui lui seront dévolues, doivent faire l'objet au préalable d'une discussion et d'une entente complètes. Le Gouvernement irlandais considère qu'il y aura lieu d'examiner ce point à la prochaine assemblée européenne. Il est frappé également de l'importance particulière qu'il y a à assurer, ainsi que le suggère le Memorandum, que les éléments techniques, dans le fonctionnement de l'association proposée, soient soumis à un contrôle et une direction politique constante.

Les principes essentiels qui devraient, selon la suggestion du Gouvernement français, dominer l'action concertée des États européens, soulèvent des problèmes de la plus grande importance : ils méritent l'examen le plus attentif de la part de tous les États intéressés à la formation de la nouvelle association et au maintien de la paix de l'Europe et du monde.

Ces principes, tels que les formule le Gouvernement français, sont subordonnés à la thèse que l'instauration d'une politique douanière véritablement libérale en Europe est strictement régie par la question de la sécurité politique, et que la question de la sécurité elle-même est liée intimement aux progrès qui pourront être réalisés vers une union politique. Une pareille thèse exigerait une discussion plus approfondie que celle que permettent les limites de cette réponse, mais l'occasion de l'examiner en détail s'offrira certainement lorsque le troisième point sera étudié à la prochaine assemblée européenne. Le Gouvernement irlandais peut néanmoins indiquer dès maintenant qu'à son avis les garanties fournies par le Pacte de la Société des Nations et la sécurité dont jouissent les États en vertu des droits qu'ils possèdent comme membres de cette organisation devraient, si ces avantages étaient reconnus comme il sied dans la conscience des peuples d'Europe, assurer le maintien d'une ambiance politique dans laquelle des systèmes pratiques pour l'organisation des forces matérielles de l'Europe (systèmes qui tiendraient pleinement compte et dans un esprit de sympathie des inégalités qui existent quant au niveau de développement économique) pourraient être menés à bonne fin dans une atmosphère de confiance mutuelle.

Le Gouvernement irlandais est persuadé que l'on trouvera dans les limites du Pacte de la Société des Nations et du programme tracé par le Comité d'arbitrage et de sécurité de la Société, le maximum de garanties qui peuvent être réciproquement accordées par des États souverains librement associés pour des fins pacifiques. Assurément le stade le plus élevé possible de sécurité est atteint lorsqu'un groupe d'États est lié dans une union ou fédération politique. Mais il est difficile de concevoir comment une association d'États pourrait procurer à ses membres un degré de sécurité mutuelle supérieur à celui qui est garanti par la Société des Nations aux États adhérents, sans en même temps s'écarter des principes de libre association et de souveraineté nationale sur lesquels repose l'organisation de la Société. À cet égard, le Gouvernement irlandais prend note avec satisfaction des réserves essentielles qui figurent dans le Memorandum. Il n'hésite pas, par conséquent, à déclarer que, à son avis, l'État libre d'Irlande ne pourrait pas devenir ou demeurer membre d'une combinaison quelconque d'États qui n'adopterait pas comme principe fondamental la liberté d'association de ses membres ou qui comporterait une dérogation quelconque aux droits du pays en tant qu'État souverain.

Le troisième principe essentiel que l'on propose de poser par avance afin de guider le Comité européen se rapporte à l'organisation économique de l'Europe. Le Gouvernement irlandais est toujours disposé à apporter la plus large coopération à tout projet qui aurait pour but d'élever le niveau du bien-être humain, et il est prêt à examiner toutes les propositions présentées à cet effet. Il est manifeste cependant qu'aucune proposition destinée à améliorer l'organisation économique de l'Europe, dans son ensemble, n'aura de chances d'être acceptée, si elle ne tient pas pleinement compte des conditions économiques qui règnent dans les États d'Europe pris individuellement. Pour des raisons qu'il n'est pas nécessaire d'exposer ici, l'État libre d'Irlande est encore dans la phase initiale de son développement industriel. On ne saurait raisonnablement escompter qu'un pays qui se trouve dans cette situation consente des sacrifices économiques pour l'établissement d'un marché commun en Europe, avant qu'il ne possède l'assurance qu'il est en mesure d'obtenir une participation légitime à ce marché. Le bien-fondé de cette attitude a été confirmé par le Comité économique consultatif de la Société des Nations, lequel a exprimé l'opinion qu'il fallait toujours tenir compte, dans l'application des mesures recommandées par la Conférence économique mondiale de 1927, des réserves nécessaires pour répondre aux demandes légitimes des États qui demeurent au premier stade de leur évolution industrielle.

IV

OPPORTUNITÉ DE RÉSERVER, SOIT À LA PROCHAINE CONFÉRENCE EUROPÉENNE, SOIT AU FUTUR COMITÉ EUROPÉEN, L'ÉTUDE DE TOUTES QUESTIONS D'APPLICATION.

Le Gouvernement irlandais estime qu'il convient de réserver à la prochaine réunion des États européens l'examen des domaines dans lesquels les États d'Europe pourraient poursuivre avantageusement une politique de coopération, ainsi que des méthodes par lesquelles cette politique devrait être réalisée. Il considère que cet examen pourrait très bien porter sur les sujets mentionnés dans la partie IV du Memorandum, mais qu'il devrait être entrepris en vue de découvrir comment les conventions établies et les recommandations formulées par la Société des Nations pourraient être mises en vigueur aussi largement que possible entre les États d'Europe, et comment aussi les ressources existantes de la Société pourraient être utilisées au mieux dans l'intérêt de la coopération européenne.

*
* *

Pour conclure, le Gouvernement irlandais désire souligner l'importance qui s'attache à dégager les méthodes qui assureront une coopération intime et active entre les États associés d'Europe et les autres États. Le Gouvernement irlandais estime qu'il y aurait lieu, à chaque phase du nouveau développement, de fournir l'occasion aux autres États d'exprimer franchement leur opinion sur cette évolution, dans la mesure où elle affecte leurs propres intérêts, et, en ce qui concerne les États membres de la Société des Nations, dans la mesure où elle affecte les intérêts de cette organisation. Le Gouvernement irlandais attache une grande importance à cette procédure, laquelle sans s'opposer au libre développement de l'idée européenne, lui permettra de prendre place harmonieusement dans le plan général de paix et de coopération mondiale.

N° 24.

RÉPONSE DU GOUVERNEMENT BULGARE.

(19 JUILLET 1930.)

Le Gouvernement bulgare envisage l'idée de l'organisation d'un régime d'Union fédérale européenne avec la plus grande sympathie. Il a donc reçu avec une grande satisfaction le Memorandum du Gouvernement de la République Française en date du 1er mai et en a soigneusement étudié le contenu. Le Gouvernement bulgare est convaincu qu'il existe une solidarité de fait entre les peuples et les pays d'Europe, qu'il faut organiser pour en tirer tous les avantages au profit de la paix, du progrès et du bien-être de la communauté européenne. Pour ce travail, il est prêt à donner pleinement et entièrement sa modeste collaboration.

Le Gouvernement bulgare se rend compte avec tous les autres Gouvernements des difficultés multiples de cette noble tâche provenant en grande partie du profond désordre politique et économique de l'Europe survenu après la grande guerre, et de l'état moral de désunion, de méfiance et de ressentiment qui en a résulté. Mais l'existence même de cette situation nuisible rend le problème de l'organisation de l'Europe encore plus nécessaire et pressant en imposant à tous les pays le devoir d'appliquer leurs efforts et de consentir volontairement les concessions nécessaires pour la réalisation de l'Union européenne projetée.

En parlant de concessions, le Gouvernement bulgare n'a en vue que des concessions analogues à celles que les États se font entre eux par des accords réciproques librement consentis et très souvent en contradiction apparente avec le principe de leur souveraineté. De pareilles limitations volontaires sont connues non seulement dans les rapports entre États, mais aussi dans le domaine de la vie intérieure de ces derniers. Si donc des limitations volontaires sont possibles dans les rapports d'État à État, combien sont-elles plus justifiées quand elles sont faites au profit de la communauté européenne.

L'établissement du lien fédéral recherché entre Gouvernements européens ne saurait affecter en rien aucun des droits souverains des États membres de l'Association. C'est sur le plan de la souveraineté absolue et de l'entière indépendance politique que doit être réalisée l'entente entre les nations européennes. Tout en acceptant ces conditions fondamentales, le Gouvernement bulgare pense qu'à la base de la nouvelle organisation de l'Europe il faudrait mettre aussi la haute idée morale de protection et d'aide politique et économique au profit des membres les plus faibles de la future organisation. Cette idée s'impose non seulement par un sentiment de généreuse solidarité, mais aussi par le besoin de fortifier l'œuvre de l'Association européenne dans ses parties les plus vulnérables.

Concrétisant cette idée, le Gouvernement bulgare pense qu'il serait opportun d'insérer dans les statuts de la nouvelle organisation une déclaration qui, proclamant l'unité morale de l'Europe et l'égalité parfaite des États participants, contiendrait non seulement la renonciation à la guerre comme moyen de défense des intérêts des États, mais aussi l'abandon de tous les autres moyens de pression, en dehors de ceux qui auraient été ordonnés par l'Assemblée générale de l'Association dans des cas déterminés. Tout État qui ne se serait pas conformé à cette règle commettrait un acte de négation de l'Union européenne et serait considéré comme s'étant volontairement placé en dehors de la communauté européenne.

Dans le même ordre d'idées, le Gouvernement bulgare pense qu'une des premières tâches de l'entente européenne devrait être de faciliter et d'activer l'exécution de certaines clauses des traités de paix et du pacte de la Société des Nations — telles que les clauses qui concernent les minorités et le désarmement — qui, malgré leur forme claire et catégorique, restent encore inexécutées et créent entre les États intéressés une atmosphère de méfiance et de tension. Si les rapports d'un grand nombre d'États européens sont réglés par les traités de paix, si les défauts de ces traités ne peuvent être corrigés aujourd'hui, conformément au pacte de la Société des Nations (art. 19), l'exécution de certaines clauses inspirées par un sentiment de justice et d'équité devient d'autant plus nécessaire. L'application pleine et égale pour tous des traités de paix et du Pacte de la Société des Nations est la condition nécessaire pour que tous les peuples d'Europe soient placés dans une situation d'égalité de droit, conformément à l'idée fondamentale du Memorandum, afin d'aboutir à la création de l'unité morale de l'Europe basée sur la confiance mutuelle, sans laquelle le haut idéal d'une communauté européenne risquerait de provoquer des déceptions.

Le Gouvernement bulgare approuve entièrement les idées exposées dans le Memorandum concernant la situation et le fonctionnement de l'organisation projetée par rapport à la Société des Nations. Tout en reconnaissant les difficultés de trouver actuellement une formule délimitant d'une façon précise et concrète les compétences des deux institutions, le Gouvernement bulgare croit utile de déclarer dès à présent qu'il partage absolument l'idée que l'organisation européenne ne doit en aucune façon diminuer la compétence et l'autorité de la Société des Nations ni empiéter sur ses attributions. Elle doit au contraire faciliter et compléter son activité en se conformant à ses vues. Dans cet ordre d'idée, il serait opportun peut-être d'envisager l'utilité pratique d'attribuer à la nouvelle organisation le premier examen de toutes les questions politiques qui intéressent exclusivement l'Europe.

NÉCESSITÉ D'UN PACTE D'ORDRE GÉNÉRAL, SI ÉLÉMENTAIRE SOIT-IL, POUR AFFIRMER LE PRINCIPE DE L'UNION MORALE EUROPÉENNE ET CONSACRER SOLENNELLEMENT LE FAIT DE LA SOLIDARITÉ INSTITUÉE ENTRE ÉTATS EUROPÉENS.

Le Gouvernement bulgare fait sienne la conception suivant laquelle les États européens constitueraient un organisme tendant à l'union morale, avec des devoirs réciproques d'ordre politique, moral, matériel et social entre eux, concrétisant ainsi la solidarité des nations européennes. Une telle conception embrasse les buts de la nouvelle organisation. Pour la réalisation de ces buts, le Gouvernement bulgare pense que la participation de tous les États européens est désirable. Toute exclusion aurait des résultats plus ou moins négatifs sur l'efficacité des mesures visant à organiser la coopération politique et économique de l'Europe. La considération du Mémorandum que «pour mieux attester la subordination de l'Association européenne à la Société des Nations, le pacte européen serait réservé, à l'origine, aux États membres de la Société», ne paraît pas décisive au Gouvernement bulgare, le même but pouvant être obtenu par l'acceptation par tous les membres de l'Union européenne du principe de la coordination de l'activité particulière de l'Union à l'activité générale de la Société des Nations. Si, enfin, des obstacles temporaires pouvaient exister à la participation de la Russie, il n'en est pas de même quant à la participation de la Turquie qui non seulement possède un territoire européen, mais à la différence de la Russie est dotée d'un régime politique reconnu au point de vue du droit constitutionnel et du droit international et entretient des rapports réguliers avec tous les États européens.

II

NÉCESSITÉ D'UN MÉCANISME PROPRE À ASSURER À L'UNION EUROPÉENNE LES ORGANES INDISPENSABLES À L'ACCOMPLISSEMENT DE SA TÂCHE.

Sur ce point, le Gouvernement bulgare accepte entièrement les suggestions contenues dans le Memorandum. Il se permettra d'ajouter quelques remarques de détail. Il serait utile de prévoir dans l'organisation des organes dirigeants, à côté des présidents, deux places de vice-présidents pour chaque organe, ainsi qu'une participation pleine et égale de tous les États membres de l'Union européenne à la Conférence européenne, Si le même principe ne peut être appliqué à la composition du Comité politique permanent, il serait désirable qu'on complétât ce comité par voie de roulement. La procédure à suivre dans le fonctionnement des organes de la nouvelle organisation devrait être beaucoup plus simple et plus rapide que celle de la Société des Nations.

III

NÉCESSITÉ D'ARRÊTER D'AVANCE LES DIRECTIVES ESSENTIELLES QUI DEVRONT DÉTERMINER LES CONCEPTIONS GÉNÉRALES DU COMITÉ EUROPÉEN ET LE GUIDER DANS SON TRAVAIL D'ÉTUDE POUR L'ÉLABORATION DU PROGRAMME D'ORGANISATION EUROPÉENNE.

Sur cet autre point, le Gouvernement bulgare est d'avis que les vues exposées dans la première partie de la présente réponse, ainsi que la définition figurant à l'alinéa II de l'Union européenne, exprime en substance les directives que le Comité pourrait suivre dans son activité. En tout cas, il serait préférable de confier l'étude de la solution de cette question à l'Assemblée générale de l'Union européenne. En général, le Gouvernement bulgare considère que ces directives ne sauraient essentiellement différer de celles de la Société des Nations.

* *

Au sujet de la subordination du problème économique dans son ensemble au problème politique, quoique le Gouvernement bulgare soit d'accord avec les considérations du Memorandum (point III A), il trouve que l'interdépendance de ces deux problèmes est telle qu'ils se confondent souvent. Il serait, par conséquent, difficile d'observer le principe énoncé plus haut dans les manifestations de l'activité pratique de la nouvelle organisation. D'ailleurs, quelle que soit la solution définitive de cette question, il est de toute nécessité que les États moins avantagés au point de vue économique et financier soient mis à l'abri de toute domination économique ou politique.

* *

En ce qui concerne la conception de la coopération européenne, le Gouvernement bulgare pense que la généralisation du système des pactes séparés, si souvent pratiqué, pourrait difficilement donner une expression substantielle de l'Union européenne et de l'idée de la coopération entre les nations de l'Europe. Cette conception pourrait être servie d'une façon plus efficace par l'adoption, dans les statuts de la nouvelle organisation, du principe d'après lequel tout litige surgi entre deux ou plusieurs États européens serait reconnu affectant l'intérêt général de l'Europe, et, comme tel, sa solution devrait être reconnue de la compétence de cette nouvelle organisation.

* *

Sur la conception de la coopération économique européenne (point C), le Gouvernement bulgare, tout en partageant le principe d'une solidarité économique, pareille à la solution politique, pense qu'en face de l'importance du problème, il serait plus conforme au but poursuivi, après avoir affirmé le principe même de la solidarité économique, de confier l'examen détaillé de la question à des spécialistes. Cependant, le Gouvernement bulgare croit devoir déclarer dès maintenant que dans cette étude les organes dirigeants doivent être guidés par l'idée fondamentale qu'il faut assurer à tout membre de l'Union européenne la possibilité de développer au maximum ses capacités productives dans l'intérêt de la communauté européenne. Cela cadre, d'ailleurs, avec la formule du Memorandum : « aménagement des forces vitales de l'Europe ».

IV

OPPORTUNITÉ DE RÉSERVER, SOIT À LA PROCHAINE CONFÉRENCE EUROPÉENNE, SOIT AU FUTUR COMITÉ EUROPÉEN, L'ÉTUDE DE TOUTES QUESTIONS D'APPLICATION.

Sur ce point, qui détermine le champ d'action de la coopération européenne, le Gouvernement bulgare, en soutenant intégralement le programme exposé dans le

Memorandum, estime qu'il serait utile d'ajouter à ce programme un point concernant l'étude des questions d'ordre politique intéressant l'Europe et dont il conviendrait de saisir les organes dirigeants. Une pareille étude est indispensable, non seulement pour compléter et parachever le champ d'action de la nouvelle organisation, mais aussi pour lui permettre de faire face aux nécessités réelles de la vie politique de l'Europe.

*
* *

En émettant ces observations et suggestions, le Gouvernement bulgare ne vise qu'à contribuer à l'éclaircissement du grand problème de l'Union européenne. Ce faisant, il ne manquera pas de continuer à prêter sa collaboration à cette grande œuvre sans parti pris et avec la volonté sincère d'aider à sa réalisation si indispensable à la paix et au bien-être des peuples européens.

RÉPONSE DU GOUVERNEMENT YOUGOSLAVE.

(21 JUILLET 1930.)

Le Gouvernement Royal de Yougoslavie est heureux de pouvoir rendre hommage à l'initiative prise par le Ministre des Affaires Étrangères de la République Française pour l'organisation d'une Union fédérale européenne.

Le Gouvernement Royal estime que les travaux préparatoires tendant à la formation de l'Union présentent déjà, à eux seuls, des avantages importants qui méritent d'être appréciés à leur valeur, en dehors même de toute considération sur les possibilités de la réalisation plus ou moins proche de l'Union. Cette œuvre préliminaire servira, en effet, sans conteste possible, à la préparation des esprits et contribuera à la création d'une atmosphère nouvelle; elle constituera un encouragement pour la recherche, sur une nouvelle base élargie, d'une solution des problèmes posés devant les peuples européens, par des méthodes et des voies différentes de celles par lesquelles la solution de ces problèmes a été recherchée dans le passé. Le Gouvernement Royal est persuadé qu'elle contribuera grandement, par son influence bienfaisante et pacificatrice, à l'apaisement des esprits et au rapprochement des peuples.

C'est dans cet esprit, et après avoir étudié avec la plus grande attention le Mémoire rédigé par M. Briand, que le Gouvernement Royal a l'honneur de formuler, en conformité de l'invitation qui lui a été adressée, les observations suivantes.

I

Le Gouvernement Royal est d'accord pour que les suggestions contenues dans le Mémoire du Gouvernement français, ainsi que les opinions des divers Gouvernements émises au sujet de ce Mémoire, soient examinées dans une conférence qui se réunirait à Genève pendant la session de la Société des Nations et à laquelle prendraient part les représentants des mêmes États qui ont été représentés à la réunion du 9 septembre 1929. Il semble au Gouvernement Royal qu'il serait conforme à la résolution prise à cette date de charger le représentant du Gouvernement français de la convocation de ladite conférence et du rapport sur l'enquête effectuée.

II

Le Gouvernement Royal est prêt à accepter toute formule qui, tout en indiquant clairement l'objectif essentiel de l'association dont traite le Mémoire, engagerait les Gouvernements signataires à prendre régulièrement contact, dans des réunions périodiques et extraordinaires, pour examiner en commun toutes questions susceptibles d'intéresser au premier chef la communauté des peuples européens.

Comme il ne peut, naturellement, s'agir que d'une association régionale dans le cadre et sous les auspices de la Société des Nations, et subordonnée à celle-ci, ladite association ne saurait englober que les États membres de la Société des Nations.

III

Le Gouvernement Royal est d'accord sur la nécessité de la création des organes prévus dans la deuxième partie du Mémoire. Toutefois, au cas où la création d'un mécanisme aussi complet soulèverait des réserves de la part des représentants de certains États à la prochaine réunion de Genève, le Gouvernement Royal estime que le seul fait, pour commencer, que la réunion périodique de la Conférence et la création d'un service de secrétariat qui aurait la charge des études indispensables et de la préparation des conférences, seraient assurées, constituerait déjà, incontestablement, un succès appréciable.

IV

D'avis du Gouvernement Royal, le Secrétariat en question est particulièrement nécessaire — et ce serait là sa tâche primordiale — pour rendre possible l'étude des méthodes propres à réaliser dans le plus bref délai une organisation européenne ayant pour but de résoudre les questions énumérées à l'alinéa IV du Mémoire. Le besoin d'un organe de coordination pour la coopération européenne dans la plupart des questions énumérées dans cet alinéa se fait incontestablement sentir dès à présent, même en dehors de l'idée d'un régime d'Union fédérale européenne. Étant donné que la majorité de ces questions. comme par exemple la réglementation et l'améliorade la circulation inter-européenne, la coordination des travaux des commissions fluviales européennes, les ententes entre chemins de fer, le régime européen des postes, télégraphes et téléphones, — et de nombreux autres sujets qui ne sont pas énumérés dans le Mémoire, tels que : la construction de routes internationales, la circulation automobile, la circulation par avions, l'établissement d'un réseau européen de canaux, etc. — se rapportent à des questions purement régionales qui présentent, pour les États européens, le plus grand intérêt, mais, par contre, un intérêt minime ou le plus souvent nul pour les États hors d'Europe, il est clair que ce travail de première importance ne peut être mis à la charge de la Société des Nations et de ses organes. La Société des Nations, par sa définition même, n'a à tenir compte que de questions qui, directement ou indirectement, présentent un intérêt commun à tous les membres de la Société; elle peut encourager la formation et surveiller le fonctionnement d'organisations régionales, mais il ne peut lui être demandé de se substituer à ces organisations, de même qu'on ne saurait raisonnablement attendre qu'elle se substitue aux Gouvernements particuliers et assume leur travail.

RÉPONSE DU GOUVERNEMENT SUISSE.

(4 AOÛT 1930.)

Le Gouvernement suisse a pris connaissance avec le plus grand intérêt du Memorandum du Gouvernement français sur l'organisation d'un régime d'Union fédérale européenne. Il ne s'est jamais dissimulé les sérieux inconvénients, voire les dangers que peuvent comporter les conditions politiques et économiques de l'Europe d'aujourd'hui. Aussi est-il prêt à examiner, dans un esprit de collaboration et de solidarité, la possibilité de trouver des tempéraments ou des remèdes adéquats à cette situation. Il le fera avec le désir de participer à l'étude loyale d'un problème dont il reconnaît toute l'importance et qu'il sait gré au Gouvernement français d'avoir pris l'initiative de poser.

Le Gouvernement suisse doit, cependant, déclarer à nouveau qu'il ne saurait se lier par des engagements de nature à affecter son régime de neutralité, base séculaire du statut politique de la Confédération. Il est plus que jamais convaincu que le maintien de la neutralité suisse est «dans les vrais intérêts de la politique de l'Europe entière», et il ne pourrait envisager, par conséquent, aucune modification au statut international que la Confédération détient de l'Acte du 20 novembre 1815 et de la Déclaration de Londres du 13 février 1920. La Suisse croit, d'ailleurs, avoir donné maintes fois la preuve que le régime particulier qui est le sien dans le cadre de la Société des Nations ne l'empêche pas de collaborer utilement, sans renoncer à ses droits spéciaux, à l'amélioration des relations internationales et à l'affermissement de la paix générale.

Le Gouvernement suisse a déjà eu l'occasion de déclarer qu'un projet d'Union européenne ne pourrait guère, dans sa pensée, être examiné en vue de fins pratiques que s'il ralliait la grande majorité des États européens. Une organisation spéciale comme celle qu'envisage le Gouvernement de la République n'aurait manifestement sa raison d'être que si elle répondait à un besoin à peu près unanimement ressenti. S'il n'en était pas ainsi, l'Union projetée risquerait de prendre davantage l'apparence d'une coalition que d'une véritable fédération fondée sur le souci commun de seconder, dans une aire géographique déterminée, l'effort universel de paix que représente la Société des Nations. Privée du concours de certains États, l'entreprise créerait, entre les participants et les absents, un antagonisme qui ajouterait encore au déséquilibre politique et économique que l'Union européenne aurait précisément pour but de faire disparaître. Or il importe de ne pas s'exposer à pareil danger, d'autant plus qu'il n'est pas certain que, même réalisé dans les meilleures conditions possibles, cet essai de liaison entre États d'Europe demeure sans répercussion sur les autres continents.

On a observé, dans de nombreux milieux, que le projet d'Union européenne pourrait impliquer un certain danger pour la Société des Nations. Le Gouvernement suisse croirait anticiper par trop sur l'avenir en partageant toutes les craintes qui ont été émises à cet égard. Le Gouvernement de la République Française, d'ailleurs, a marqué nettement son intention, dans le Memorandum, d'éviter tout ce qui serait de nature à mettre en péril l'institution de Genève; il a insisté sur le fait qu'«il ne s'agit nullement de constituer un groupement européen en dehors de la Société des Nations, mais, au contraire, d'harmoniser les intérêts européens sous le contrôle et dans l'esprit de la Société des Nations, en intégrant dans son système universel un système limité, d'autant plus effectif». De l'avis du Conseil Fédéral, il s'agit là d'un point capital. Si l'on veut faire taire les appréhensions qui se sont manifestées, il importe d'écarter d'emblée ce qui est de nature à provoquer des conflits de compétence ou des rivalités entre l'entente régionale envisagée et la Société des Nations. Pour la Suisse comme pour d'autres pays, la Société des Nations est, dans l'ordre de la paix, une grande conquête de la civilisation. Elle répond à une nécessité vitale, et il faut se garder de toutes mesures susceptibles de l'affaiblir ou de l'ébranler. Une Union européenne ne serait plus souhaitable si elle devait venir limiter les possibilités d'action et de développement de la Société des Nations.

Comment réaliser l'harmonie entre la Société des Nations et l'Union? Ce problème difficile demandera encore beaucoup de réflexion et de nombreuses études. Aussi le Conseil Fédéral estime-t-il qu'il conviendrait de procéder avec grande prudence. On peut fort bien concevoir que l'Union européenne exerce, dans des questions touchant à l'économie générale, à l'outillage économique, aux communications et au transit, aux finances et au travail, une activité qui ne vienne pas empiéter sur l'activité générale de la Société des Nations. Car, s'il y a, dans ces divers domaines, des intérêts spécifiquement européens, on peut les soumettre sans dommage à ce que le Memorandum français appelle la «compétence propre» de l'Union européenne. Toutefois, il ne faudrait pas perdre de vue que cette compétence pourrait comprendre, le cas échéant, l'étude de problèmes analogues à nombre de questions que la Société des Nations a déjà abordées et qu'elle a cherché à résoudre dans la mesure où les circonstances actuelles le permettaient. Comme ces circonstances n'ont guère changé, on peut se demander si une Union européenne arriverait à de meilleurs résultats. La question se pose plus spécialement pour ce qui touche aux problèmes économiques, où il serait probablement malaisé de distinguer nettement les affaires qui devraient être du ressort de l'une des institutions plutôt que de l'autre.

Le Gouvernement français attacherait du prix à subordonner le problème économique au problème politique. C'est sur le plan politique que devrait, selon lui, «s'élaborer, dans ses grandes lignes, la politique économique de l'Europe, aussi bien que la politique douanière de chaque État européen en particulier». Le Gouvernement suisse considère, lui aussi, que les problèmes économiques sont étroitement liés aux problèmes politiques. Il est également convaincu qu'une Europe économiquement prospère est inconcevable sans une Europe politiquement apaisée. Le facteur de la sécurité joue incontestablement à cet égard un rôle déterminant.

Mais le problème de la sécurité est un de ceux qui retiennent le plus sérieusement l'attention de la Société des Nations. Il n'est pour ainsi dire pas d'Assemblée qui n'ait cherché à apporter une contribution au règlement de ce problème. Des progrès réjouissants, sinon décisifs, ont été réalisés, notamment dans le domaine spécial de l'arbitrage obligatoire qui touche de si près au domaine général de la sécurité. La Société des Nations n'a pas failli à sa tâche et elle sera près d'atteindre un de ses buts principaux le jour où elle parviendra à élaborer et à mettre en vigueur une convention générale sur la réduction des armements.

Cette tâche commencée, elle doit la poursuivre. Le Gouvernement suisse pense que ce que les pays d'Europe seraient à même de réaliser entre eux dans le domaine de la sécurité, ils le feraient avec plus de succès dans le cadre de l'organisation existante. Le problème de la sécurité est un problème universel, qui ne saurait être définitivement résolu sans la collaboration des autres continents. Pour cette raison, le Gouvernement suisse se demande si l'Union européenne agirait sagement en prenant en quelque sorte à son compte l'examen d'une question dont la Société des Nations s'est saisie depuis sa création et qu'elle paraît capable de résoudre elle-même. En la laissant en dehors de sa compétence, l'Union européenne pourrait d'ailleurs agir efficacement en vue de sa solution en créant une atmosphère propice à des réalisations positives.

Les nombreuses restrictions qui entravent actuellement l'essor économique de l'Europe sont, sans doute, dûes, en partie, à une certaine impression d'insécurité politique. Le Gouvernement suisse est, toutefois, d'avis que l'Union européenne serait susceptible d'accomplir certains de ses desseins au cas même où elle aborderait l'étude de problèmes économiques sans attendre que le problème de la sécurité fût plus rapproché de sa solution. Les accords qui déjà apportent des solutions à diverses questions intéressant l'économie européenne démontrent que la collaboration serait possible sur le terrain purement économique. Des accords commerciaux, plurilatéraux, entre autres, seraient certainement réalisables; car, si les tentatives de conclure des accords de cette nature n'ont pas été, jusqu'ici, entièrement couronnées de succès, cela résulte davantage des difficultés rencontrées sur le terrain économique lui-même que d'un manque de cohésion politique. En revanche, le cadre territorial dans lequel divers accords auraient dû intervenir s'étant parfois révélé trop vaste, spécialement en ce qui concerne l'application des résolutions de la Conférence économique mondiale, une collaboration dans de plus étroites limites serait susceptible d'apporter d'heureux résultats.

En tout état de cause, la Suisse, qui, à maintes reprises, a manifesté un vif intérêt pour tout ce qui touche au problème de la collaboration économique internationale, est prête, fidèle à l'attitude qu'elle a observée jusqu'ici, à participer aux efforts tendant à améliorer la situation économique de l'Europe.

Il serait sans doute prématuré de se prononcer sur la forme à donner, le cas échéant, au projet d'Union européenne. Comme le relève le Memorandum du Gouvernement français, il ne s'agit encore que de l'élaboration d'un «programme d'organisation européenne». Ce programme devrait-il prévoir un mécanisme complet, «propre à assurer à l'Union européenne les organes indispensables à l'accomplissement de sa tâche»? Serait-il indispensable, du moins, au début, de recourir à la création d'un véritable organe exécutif, doublé d'un secrétariat permanent? Ne suffirait-il pas de prévoir la convocation de conférences, au cours desquelles seraient examinées certaines questions spécifiquement européennes et de donner mandat, s'il y a lieu, au pays où se réunirait la conférence de constituer lui-même les services d'un secrétariat? Autant de questions qui ne pourront être utilement examinées qu'au cours d'une prochaine réunion. Le Gouvernement suisse verrait avantage à ne recourir qu'à un mécanisme aussi simple et souple que possible. Il ne perçoit guère la nécessité d'instituer une Union européenne organisée à l'instar de la Société des Nations, avec services propres et permanents, et d'aller jusqu'à en faire une véritable personne morale.

Le besoin d'organes spéciaux se ferait d'autant moins sentir que, sous l'impulsion récente de la Société des Nations, une plus étroite collaboration, notamment d'ordre économique, a commencé à se manifester entre États européens. Ces premières manifestations seront sans doute susceptibles de développement si l'action peut être poursuivie dans des circonstances favorables. Il n'est pas inutile de rappeler, à cet égard, que la «Conférence préliminaire en vue d'une action économique concertée» a pris en considération l'ensemble des questions que fait surgir, à l'heure actuelle, la situation économique de l'Europe.

Le Gouvernement suisse se réserve, d'ailleurs, de développer plus amplement les points exposés ci-dessus, au cours de la conférence que le Gouvernement Français veut bien envisager de réunir à Genève à l'occasion de la prochaine Assemblée de la Société des Nations et à laquelle, ainsi qu'il l'a déjà donné à entendre dans les déclarations qu'il a faites devant le Conseil National le 25 juin dernier, le Conseil Fédéral ne manquera pas de se faire représenter.

IV

RAPPORT

SUR LES RÉSULTATS DE L'ENQUÊTE INSTITUÉE

AU SUJET DE L'ORGANISATION

D'UN RÉGIME D'UNION FÉDÉRALE EUROPÉENNE

Après avoir assuré, dans les conditions arrêtées à la réunion de Genève du 9 septembre 1929,la consultation européenne dont il avait reçu la charge, le Gouvernement de la République est heureux de pouvoir aujourd'hui, dans le délai convenu, s'acquitter entièrement de son mandat en rapportant, devant la deuxième réunion des États européens membres de la Société des Nations, les conclusions de l'enquête poursuivie sur l'organisation d'un régime d'Union fédérale européenne.

Il convient avant tout de rendre hommage à l'effort fourni par tous les Gouvernements consultés en vue de faciliter, par leur diligence, l'heureux aboutissement de la procédure instituée.

Le Gouvernement de la République croit répondre au sentiment unanime des Gouvernements dont il a reçu mission, en se félicitant avec eux des dispositions dont témoigne une telle préparation. Par le soin apporté à l'élaboration de leurs réponses, les Gouvernements consultés ont tous montré l'importance qu'ils attachent à une œuvre aussi haute que celle de l'organisation matérielle et morale de l'Europe et leur souci d'en engager la réalisation sur un terrain méthodiquement assuré. Cette prudence même et cette application dans l'étude apparaissent comme le meilleur gage des intentions de chaque Gouvernement en ce qui concerne la poursuite de l'entreprise envisagée et nulle meilleure garantie ne pouvait être fournie à cet égard que le nombre et la précision des diverses observations ou réserves formulées. Rien ne saurait donc, dans la position actuelle du problème, limiter la confiance que l'on est en droit de retirer d'une première consultation.

C'est la seule appréciation générale que le Gouvernement de la République se permettra dans la rédaction d'un rapport purement analytique, où il entend s'attacher strictement à dégager, en fait, sur les différents points du Memorandum français, les vues exprimées par tous les Gouvernements consultés, sans y mêler, en ce qui le concerne, l'expression d'aucune vue personnelle.

Il s'appliquera, dans ce travail de simple dépouillement et d'élucidation, à sauvegarder expressément l'originalité des vues de chaque Gouvernement autant que le permettront le nombre et la diversité des avis recueillis. Il devra forcément renoncer, dans une analyse aussi générale, à réserver une mention spéciale ou des citations textuelles aux observations particulières qui n'apporteraient pas une vue nouvelle ou ne représenteraient pas une moyenne entre des avis exprimés.

En s'attachant, d'autre part, à faire ressortir les éléments positifs et constructifs qui se dégagent du rapprochement d'avis exprimés, il s'efforcera toujours de mettre en égale lumière les difficultés signalées ou les observations particulières s'inspirant de préoccupations propres à un Gouvernement.

Aussi bien a-t-il tenu à présenter pour référence, en même temps que son rapport analytique, le texte intégral de toutes les réponses reçues, dans l'ordre chronologique de leur remise officielle.

Il appartiendra aux Gouvernements responsables d'apprécier librement, au terme de cette lecture, s'il ne convient pas d'accorder plus d'importance aux raisons immédiates et profondes d'union entre Nations, qui se sont affirmées d'un avis unanime, qu'aux causes apparentes ou lointaines d'opposition qui auraient pu se faire jour, à la faveur de telles divergences normales d'opinion, sur des points particuliers encore soustraits au bénéfice de toute discussion. Le Gouvernement français, pour sa part, a fait son choix : il garde pleine confiance dans la force des raisons qui ont justifié la décision collective du 9 septembre 1929, après avoir déterminé, au cours de ces dix dernières années, le développement méthodique d'une œuvre d'organisation de la paix à laquelle les peuples ont marqué clairement leur attachement.

A

QUESTIONS DE PRINCIPE

POSÉES DANS LE MÉMORANDUM DU 1ᵉʳ MAI 1930.

I. — NÉCESSITÉ D'UNE COORDINATION EN EUROPE.

En soumetttant aux vingt-six autres Gouvernements européens représentés à la réunion du 9 septembre 1929 le Mémorandum qu'il avait été chargé d'établir, le Gouvernement français indiquait, comme justification de l'étude entreprise, l'état d'incoordination de l'Europe au point de vue politique, économique et social.

La nécessité d'une coordination en Europe est reconnue par tous les Gouvernements consultés : quelques-uns se bornent à l'affirmer en marquant leur décision de participer à la prochaine réunion des États européens: la plupart s'expriment de manière très explicite.

Le Gouvernement de **Grande-Bretagne** constate la nécessité «d'une meilleure compréhension par les peuples européens d'intérêts qu'ils possèdent en commun», compréhension propre à «détourner leur attention des hostilités du passé». Il observe que, tout au moins dans le domaine économique, «une coopération plus étroite entre les nations d'Europe est urgente et souhaitable».

Le Gouvernement **italien** se déclare prêt à fournir une «collaboration empressée» à une initiative «tendant à la reconstruction matérielle et morale de l'Europe». Le Gouvernement **finlandais** estime qu'il est d'une «importance toute spéciale pour l'évolution future de notre continent que la communauté européenne soit développée davantage», et le Gouvernement **hellénique** qu'une collaboration constante et méthodique «répond aux réels intérêts des peuples européens».

Allant même jusqu'à indiquer que la structure de l'Europe appelle, à son avis, des modifications profondes, le Gouvernement **allemand** estime que «l'organisation générale du continent au point de vue politique et économique entrave un développement qui serait conforme aux conditions de vie naturelle des peuples».

D'autres Gouvernements s'attachent à mesurer les conséquences de cet état d'incoordination (1). L'attention est attirée sur la dispersion des efforts développés jusqu'à ce jour (2), dispersion qui appelle la «création de cadres de coopération européenne» (3). On ne saurait contester qu'entre les États subsistent des oppositions

---

(1) Pays-Bas.
(2) Autriche.
(3) Danemark.

accentuées par l'action des partis politiques, de la presse et des autres organes de l'opinion publique, mais une collaboration organisée ferait souvent apparaître le manque de fondement réel de ces oppositions (1). L'opinion cependant commence à mûrir pour l'organisation d'une collaboration plus intime des peuples européens (2), et les premiers efforts dans ce sens ne peuvent qu'exercer une influence bienfaisante et pacificatrice (3).

II. — INTÉGRATION DE LA COOPÉRATION EUROPÉENNE

DANS L'ACTIVITÉ GÉNÉRALE DE LA SOCIÉTÉ DES NATIONS.

Le Memorandum du 1er mai spécifiait expressément qu'une coopération européenne ne devait et ne pouvait que tendre à accroître l'autorité de la Société des Nations et à réduire les obstacles qu'elle peut rencontrer dans l'accomplissement de sa mission. Il indiquait que l'idée de cette coopération procédait directement des vues dont s'inspire le Pacte et que l'étude en commun par les États européens de questions les intéressant plus spécialement en propre n'avait d'autre objet que de préparer et faciliter le règlement par la Société des Nations, sur un plan universel, des problèmes généraux ou spéciaux qu'aux termes du Pacte ou des Traités elle a seule qualité pour résoudre.

Tous les Gouvernements se sont trouvés d'accord dans leur souci de ne rien faire qui pût affaiblir l'autorité de la Société des Nations. Le Gouvernement français est heureux de pouvoir souligner le profond attachement qui, à cette occasion, s'est manifesté une fois de plus pour la plus haute autorité présidant à l'organisation de la paix.

Préserver ce caractère d'éminente autorité de la Société des Nations, ne pas restreindre son champ d'action, ni porter atteinte à son universalité, sont des nécessités aujourd'hui si communément reconnues que nombre de Gouvernements se sont bornés à les rappeler comme des principes hors de cause.

Tout en constatant que l'œuvre de la Société des Nations consiste jusqu'ici, pour une très grande part, à poursuivre le règlement de questions qui sont au premier chef d'intérêt européen, le Gouvernement **suédois** estime que la coopération des États européens devrait être organisée avec le maximum d'efficacité possible, en utilisant les moyens suffisants qu'offre l'organisation de la Société des Nations.

Une idée analogue est exprimée par le Gouvernement **belge**. Il considère d'une part que « l'entente européenne doit se réaliser par le développement des institutions de la Société des Nations en s'attachant avant tout à les compléter et à les perfectionner ». Il fait observer d'autre part que « le principe d'universalité sur lequel repose la Société des Nations ne fait pas obstacle à ce que les États européens étudient de concert les problèmes qui les concernent particulièrement et s'efforcent d'instaurer entre eux une coopération plus étroite ».

Plusieurs Gouvernements se déclarent convaincus que la coopération européenne, loin de contrarier l'activité de la Société des Nations, ne pourrait que faciliter sa mis-

---

(1) Tchécoslovaquie.
(2) Finlande.
(3) Yougoslavie.

sion (1), lui fournir l'appoint de forces nouvelles et «préparer, par la solution des questions d'ordre européen, une exécution plus effective des obligations du Pacte» (2).

Le Gouvernement **norvégien** s'exprime ainsi : «Il n'est pas fondé de dire que la coopération européenne pourrait affaiblir l'autorité de la Société des Nations. Au contraire, les efforts que l'on tente de réaliser sur ce terrain ne serviront qu'à accroître le prestige de la Société, car ils sont étroitement liés à ces vues. Autant que sa tâche est universelle, la Société doit voir avec satisfaction l'œuvre faite pour créer l'harmonie, le calme, le bien-être dans l'Europe, qui constitue une partie si essentielle du domaine de la Société des Nations. Il est donc de l'intérêt de la Société des Nations tout entière que l'on cherche à régler des problèmes européens sous l'enseigne de la coopération et de l'organisation collective.»

Certaines préoccupations sont exprimées, non pas sur le principe même d'une coopération européenne, mais sur les précautions qu'exigeront les diverses modalités de sa réalisation.

Le Gouvernement **allemand** appréhenderait un commencement d'isolement de l'Europe, qui pourrait avoir comme conséquence la formation d'autres groupes au sein de la Société des Nations. Il serait nécessaire, à son avis, d'étudier les répercussions d'une entente européenne sur la Société des Nations et de les soumettre au besoin à l'appréciation de toute la Société.

Le Gouvernement **portugais** considère une Union européenne comme pouvant, par son importance, dépasser le cadre d'une entente régionale. Par contre, il souligne la nécessité de ne pas invalider les accords bilatéraux ou plurilatéraux existant entre États ou groupes d'États, ni réduire la valeur ou l'efficacité des liens d'alliance ou d'amitié qui sont des éléments fondamentaux et traditionnels de la vie internationale de certains de ces États.

Aux yeux du Gouvernement **tchécoslovaque**, l'organisation d'une coopération de tous les États d'Europe ne saurait être plus gênante pour l'action de la Société des Nations que l'institution d'ententes régionales plus restreintes en Europe. Soucieux d'établir la complète harmonie de cette organisation européenne avec le mécanisme plus général de la Société des Nations, il précise le rôle qu'à son avis elle aurait à jouer : «Dans tous les domaines fixés par son statut, cette organisation exercerait une action propre seulement dans le cas où, et pour autant, que la Société des Nations n'y aurait pas elle-même déjà engagé son activité. Dans le cas contraire, elle emploierait ses efforts à faciliter ou assurer l'exécution des décisions ou des recommandations de la Société des Nations.» Il sera nécessaire d'avancer avec beaucoup de précautions, par étapes, mais le Gouvernement tchécoslovaque considère que les hommes d'État responsables ont le devoir de ne négliger aucune tentative pour parvenir à la réalisation d'un progrès.

Le Gouvernement **suisse** signale également l'intérêt «capital» qu'il y a à assurer une complète harmonie entre la coopération européenne et l'activité de la Société des Nations.

De l'avis du Gouvernement **autrichien**, l'Union européenne, liée avec la Société des Nations, juridiquement par l'article 21 du Pacte et dans la pratique par le choix

---

(1) Tchécoslovaquie.
(2) Pologne.

de Genève comme siège, pourra en outre être intégrée organiquement dans la Société des Nations. Celle-ci «disposerait ainsi d'un nouveau mécanisme approprié aux tâches purement européennes de la Société des Nations et se verrait munie de nouveaux moyens pour poursuivre ses hauts buts d'une manière plus efficace encore que par le passé».

III. — POSITION À L'ÉGARD DES ÉTATS EXTRAEUROPÉENS

OU NE FAISANT PAS PARTIE DE LA SOCIÉTÉ DES NATIONS.

«Non plus qu'à la Société des Nations, était-il dit dans le Mémorandum, l'organisation européenne envisagée ne saurait s'opposer à aucun groupement ethnique, sur d'autres continents, ou en Europe même, en dehors de la Société des Nations.»

Pénétrés à cet égard d'un sentiment qui anime tous les membres de la Société des Nations, les Gouvernements européens ne pouvaient que se trouver d'accord pour affirmer expressément ce principe essentiel de leur coopération. Chacun cependant pouvait, très légitimement, avoir à tenir compte dans la pratique d'une position géographique spéciale ou d'une expansion plus vaste, hors d'Europe, de ses intérêts moraux et matériels. Il importait donc, sur ce point plus que sur tout autre, que la consultation instituée fît ressortir tous les aspects d'un problème naturellement complexe.

Le Gouvernement de **Grande-Bretagne** fait observer que, déjà membre d'une communauté de Nations établies sur divers continents, il aurait à faire la part de considérations particulières et à s'assurer «que les mesures prises pour resserrer la coopération européenne ne provoquent ni inquiétude ni mécontentement sur un autre continent».

La question se présente différemment s'il s'agit de territoires extraeuropéens qui, comme les colonies, n'ont pas une souveraineté propre. Le Gouvernement **néerlandais** souligne qu'il aura à prendre en considération les intérêts particuliers qu'il a dans de tels territoires. Le Gouvernement **portugais** spécifie naturellement que l'Union envisagée ne devrait en aucune sorte relâcher les liens qui rattachent ses colonies à leur métropole, y altérer ses droits ou comporter d'ingérence dans des questions qui leur sont propres. (Le respect absolu des droits souverains des États, reconnu par tous les Gouvernnements consultés comme devant être à la base d'une Union européenne, suffit à donner tous apaisements à cette préoccupation.)

Plusieurs Gouvernements (1), insistant sur les liens de fait que la communauté d'origine, de langue et de culture a pu créer entre leur pays et des pays extraeuropéens, réservent leur opinion sur toutes mesures qui seraient susceptibles d'affecter ces liens. De ces observations peut être rapprochée l'opinion du Gouvernement **norvégien** qui, rappelant également « les rapports dûs à la parenté et à l'amitié des Nations, soit anglo-saxonnes, soit latines», estimerait «inconcevable qu'une collaboration organisée en Europe pût créer quelque espèce de contraste perturbateur de la paix vis-à-vis de pays hors d'Europe».

---

(1) Espagne, Portugal et Irlande.

En ce qui concerne l'Europe elle-même, le Gouvernement français, se considérant comme limité par le mandat qu'il avait reçu des seuls Gouvernements européens membres de la Société des Nations, et pour mieux attester la subordination de l'Association européenne à la Société des Nations, avait cru devoir suggérer dans son Mémorandum que cette Association ne comprît, à l'origine tout au moins, que les États européens membres de la Société, une collaboration effective avec les autres États étant d'ailleurs prévue, conformément à une procédure qui, à Genève même, a déjà reçu son application.

Si quelques Gouvernements (1) paraissent n'envisager dans leurs réponses que la participation immédiate d'États membres de la Société des Nations, le plus grand nombre estime qu'aucun État européen ne doit être laissé à l'écart, soit qu'il adhère pleinement dès le début à l'Union, soit qu'il collabore avec elle plus ou moins étroitement. La réponse du Gouvernement **danois** contient à cet égard d'assez amples développements.

Ces avis sont motivés autant par des considérations d'ordre géographique ou économique que par l'intérêt politique qu'il y a à ne pas laisser des pays européens s'isoler du reste du continent. Il ne conviendrait pas, observe le Gouvernement **allemand**, «que certains pays deviennent étrangers à la collaboration européenne... Un programme européen devrait donc être rendu aussi élastique que possible sous le rapport matériel et géographique. L'exclusion de pays européens qui ne font pas partie de la Société des Nations, tels que la Russie et la Turquie, serait contraire à l'usage pratiqué avec raison jusqu'à présent». Rappelant que l'Union fédérale se fonde sur une solidarité de fait, le Gouvernement **italien** «croit nécessaire, ou tout au moins désirable, la participation de tous les pays entre lesquels cette solidarité de fait existe». Il signale donc au Gouvernement français «l'utilité de proposer aux autres Gouvernements intéressés que le Gouvernement des Soviets et le Gouvernement turc soient invités à prendre part à la procédure d'élaboration du projet d'Union et précisément à la réunion qui aura lieu à Genève à l'occasion de la prochaine Assemblée de la Société des Nations.»

D'autre part, en raison de leur situation géographique, la **Grèce**, la **Bulgarie** et la **Hongrie** considèrent également comme désirable que l'Union s'étende à la Turquie.

De l'ensemble des avis ainsi exprimés il résulte que, sur la participation des États européens non membres de la Société des Nations, non plus que sur les rapports avec les pays extra-européens, il n'existe d'oppositions de principe. Aucune difficulté sérieuse ne pourrait donc empêcher les Gouvernements de trouver, dès leur première réunion, la solution satisfaisante d'une question que la Société des Nations, pour sa part, a déjà eu à résoudre.

Aussi bien, puisqu'en l'espèce les avis formulés semblent chercher leur principale justification dans des considérations d'ordre économique, convient-il de noter que, même à cet égard, l'Union est conçue comme assez souple pour se prêter aux adaptations nécessaires. Ainsi le Gouvernement **néerlandais**, reprenant une idée formulée expressément dans le Mémorandum du Gouvernement français, fait observer que l'Union envisagée procède d'une conception absolument contraire à celle qui a pu

---

(1) Portugal, Belgique, Yougoslavie et Norvège.

déterminer jadis, en Europe, la formation d'Unions douanières tendant à abolir les douanes intérieures pour élever aux limites de la communauté une barrière plus rigoureuse, c'est-à-dire à constituer en fait un instrument de lutte contre les États situés en dehors de ces Unions.

IV. — RESPECT DE L'INDÉPENDANCE
ET DE LA SOUVERAINETÉ DES ÉTATS.

Comme conclusion aux observations générales précédant l'exposé des divers points de son Mémorandum, le Gouvernement français rappelait « qu'en aucun cas et à aucun degré l'institution du lien fédéral recherché entre Gouvernements européens ne saurait affecter en rien aucun des droits souverains des États membres d'une telle association de fait ». Toute pensée de domination politique étant évidemment exclue, les États n'entreraient dans cette Association que pour y exercer — comme d'ailleurs dans la Société des Nations sous le contrôle de laquelle elle se place — des droits strictement égaux.

Aucune objection n'a été élevée contre cette conception fondamentale. Même sous la formule extrême où l'envisage le Gouvernement **irlandais** (1), elle ne saurait constituer en elle-même aucun obstacle à l'organisation de l'Association européenne. Ainsi que le fait observer le Gouvernement des **Pays-Bas**, « une conception de la souveraineté qui ne laisserait pas place à l'acceptation volontaire de certaines limitations du pouvoir des États devrait être écartée comme incompatible avec la nature même des relations internationales ». Telle d'ailleurs que la conçoit le Gouvernement **finlandais** — d'accord sur ce point avec le Mémorandum du Gouvernement français — l'Union « reposerait sur le respect de la souveraineté et de l'égalité réciproque des États membres, comme c'est le cas pour le régime juridique de la Société des Nations. Dans les différents pays de l'Europe, par suite du caractère national et de l'évolution historique de chaque pays, les conditions sont fort différentes. Il importerait de respecter le particularisme des peuples, des petits comme des grands, la collaboration européenne se fondant sur les intérêts qui sont communs aux divers pays ». Une telle conception semble de nature à réserver tous apaisements au Gouvernement **suisse**, qui appelle l'attention sur le régime de neutralité assuré à la Confédération par des actes internationaux.

Il s'agit bien, en fait, de l'égalité à assurer, au sein de l'Association envisagée et dans les limites de son activité, à tous les Membres de cette Association, c'est-à-dire de l'égalité des droits que chaque État participant, du fait de son engagement envers l'Association, serait appelé à exercer dans le fonctionnement de cette Association, sans que s'en trouvent affectés les obligations ni les droits qu'il peut tenir d'autres engagements. Et la question ainsi posée dès le début ne pouvait l'être autrement entre Gouvernements membres de la Société des Nations, où les rapports sont fondés

---

(1) « Chaque État partie à l'accord sera seul juge de la manière et de la mesure dans laquelle il devra coopérer à la poursuite des objets de l'Association ».

sur la même conception de l'égalité. Le Gouvernement **hongrois**, cependant, ne croit pas devoir s'en tenir à cette position de la question : il voudrait voir interpréter l'idée de souveraineté et d'égalité de droits comme comportant «l'élimination de toutes les inégalités qui dans leurs conséquences pratiques forment pour certains États des entraves au libre exercice de leur souveraineté». Le Gouvernement **italien** émet un avis analogue, estimant que les conditions d'égalité absolue entre les États dans l'Association devraient «faire disparaître les dernières démarcations entre peuples vainqueurs et peuples vaincus».

A cet égard, le sentiment général paraît être exprimé par le Gouvernement de **Grande-Bretagne,** lorsqu'il indique comme essentiel de «détourner l'attention des peuples de l'Europe des hostilités du passé et des conflits d'intérêts dont on affirme quelquefois l'existence, et de l'attirer au contraire sur les intérêts plus importants qu'ils possèdent aujourd'hui en commun».

B

QUESTIONS PARTICULIÈRES

POSÉES DANS LE MÉMORANDUM DU 1ᵉʳ MAI 1930.

I. — NÉCESSITÉ D'UN PACTE D'ORDRE GÉNÉRAL.

Le premier des points particuliers soumis à l'étude des Gouvernements portait sur la nécessité d'un Pacte d'ordre général affirmant le principe de l'Union morale européenne, indiquant clairement son objet essentiellement pacifique et comportant pour les Gouvernements signataires l'engagement de prendre régulièrement contact en des réunions communes.

De l'ensemble des avis exprimés sur les principes fondamentaux, et de la conclusion générale qui s'est affirmée en faveur d'une collaboration plus effective des Gouvernements européens, il semble résulter qu'une adhésion immédiate pourrait être assurée à un accord ne comportant d'autre engagement pour les signataires que celui de participer à des réunions périodiques ou extraordinaires en vue d'examiner les questions qu'ils considéreraient comme les intéressant en commun.

Inconditionnellement ou sous le bénéfice de réserves déjà admises de tous (intégration dans le système de la Société des Nations, limitation pour le début à des données très simples, etc.), le plus grand nombre des Gouvernements s'est déjà déclaré prêt à s'engager conventionnellement pour l'adoption d'un mode de contact régulier avec les autres Gouvernements européens (1).

Les autres Gouvernements affirment leur intention de prendre part aux réunions européennes sans se prononcer encore sur le pacte à conclure (2), certains s'en tenant aux principes mêmes du projet (3), ou ne donnant encore, en raison de consultations nécessaires, qu'une réponse provisoire (4), ou croyant devoir exposer des points de vue particuliers dont l'acceptation ne semble pas cependant conditionner leur adhésion au Pacte (5).

L'étude du contenu de ce Pacte ne pouvait être poussée bien loin dans une première consultation. Généralement les réponses soulignent, comme le Mémorandum lui-même, la nécessité de s'en tenir, au début, à un texte sommaire qu'il appartiendrait

---

(1) Autriche, Belgique, Danemark, Espagne, Estonie, Finlande, Irlande, Lettonie, Luxembourg, Norvège, Pologne, Portugal, Roumanie, Tchécoslovaquie, Yougoslavie.
(2) Italie, Pays-Bas, Suède.
(3) Albanie, Grèce.
(4) Grande-Bretagne.
(5) Allemagne, Bulgarie, Hongrie, Lithuanie.

à la première réunion de préparer et qui serait susceptible d'être complété par la suite à mesure que l'activité de l'Union se préciserait.

Les observations générales déjà recueillies au sujet de l'intégration de l'Union européenne dans l'activité générale de la Société des Nations suffisent à montrer dans quel sens devraient être conçues, à ce sujet, les dispositions éventuelles à insérer dans le Pacte européen, à supposer qu'au début on ne s'en tînt pas à une simple déclaration de principe, en chargeant une Commission de préciser la question et notamment d'étudier la formule esquissée par le Gouvernement **tchécoslovaque**

Il en est de même en ce qui concerne la participation des États non membres de la Société des Nations, dont les modalités pourraient être examinées dès la prochaine réunion européenne.

II. — NÉCESSITÉ D'UN MÉCANISME.

Sous le titre : Nécessité d'un mécanisme propre à assurer à l'Union européenne les organes indispensables à l'accomplissement de sa tâche, le Mémorandum du Gouvernement français soumettait à l'appréciation des autres Gouvernements l'institution de trois organes, en liaison avec ceux de la Société des Nations : la Conférence des Représentants de tous les États membres de l'Union, organe responsable et directeur; un Comité politique moins nombreux mais permanent, assurant pratiquement à la Conférence son organisme d'étude et son instrument d'exécution; enfin un Secrétariat très réduit pour l'enregistrement des délibérations, la notification des résolutions, l'exécution des instructions d'ordre administratif du Président.

Un semblable mécanisme se prêtant à des adaptations et simplifications très nombreuses, ce ne serait point rendre un compte exact de la conception des divers Gouvernements que de se borner à énumérer, pour chacun des organes suggérés, les Gouvernements qui en estiment ou non la création nécessaire. Car si la **Yougoslavie** et la **Bulgarie** se prononcent pour le mécanisme complet, tel qu'il vient d'être indiqué, alors que la question ne peut être précisée dans les limites des réponses **grecque** et **albanaise**, les autres Gouvernements ont proposé chacun une solution ne différant de la voisine que par une légère nuance.

La **Grande-Bretagne** se préoccupe du risque de confusion éventuelle entre organismes de la Société des Nations et des organes nouveaux qui ne tiendraient pas leurs pouvoirs du Pacte de la Société des Nations ou de la partie XIII du Traité de Versailles; elle observe que des comités européens pourraient être créés dans l'Assemblée, le Conseil et les organes techniques de la Société des Nations. L'**Allemagne**, l'**Irlande**, les **Pays-Bas** et la **Suède** estiment qu'il y a lieu d'attendre que le besoin se soit manifesté d'organes nouveaux, tandis que l'**Espagne**, le **Luxembourg** et le **Portugal** proposent que la question soit traitée à la première réunion. Tous les autres Gouvernements sont d'accord pour recommander l'institution de l'organe supérieur, la Conférence européenne. Quelques-uns (1) n'envisagent auprès d'elle aucun Comité, d'autres (2) la voient assistée, au moins temporairement, soit d'un Comité ou Commission d'étude

---

(1) Danemark, Finlande, Italie, Lettonie, Roumanie.
(2) Autriche, Belgique, Estonie, Lithuanie, Norvège, Pologne, Tchécoslavaquie.

pour telle question qui lui serait spécialement confiée par la Conférence, soit d'un «Comité d'Europe» analogue au Comité d'Autriche désigné jadis par la Société des Nations, soit enfin, comme le suggère la **Norvège**, d'un Comité permanent constitué, au début, des membres européens du Conseil de la Société des Nations.

Nombre de Gouvernements estiment que le Secrétariat pourrait être assuré par le Secrétariat de la Société des Nations, ou organisé par lui, d'accord avec un Comité européen; pour d'autres au contraire (1), sous forme de Secrétariat de la Présidence, ou de Bureau central, un secrétariat provisoire serait nécessaire au début.

De l'ensemble de ces réponses semble se dégager, comme conception réunissant l'adhésion d'un grand nombre de Gouvernements, celle d'une Conférence unique, comprenant tous les États, se réunissant périodiquement et disposant à ses débuts d'un Comité, bureau ou secrétariat, susceptible de poursuivre dans l'intervalle des réunions l'étude et la mise au point d'une organisation.

Les réponses des divers Gouvernements contiennent des observations particulières qu'il est intéressant de noter.

Le Gouvernement **italien** insiste sur la nécessité d'assurer à tous les États une égalité absolue dans l'organisation projetée et notamment une représentation, non seulement aux assemblées annuelles, mais aussi dans l'activité de l'Union entre sessions de ces assemblées. Le Gouvernement **hongrois** observe que le Mémorandum du 1ᵉʳ mai s'efforce d'éviter toute prédominance d'un État, mais que dans l'organisation de la Société des Nations elle-même l'égalité n'est pas complète.

Le Gouvernement **danois** signale l'avantage que présenterait la périodicité des réunions de la Conférence européenne : des problèmes difficiles peuvent être plus aisément discutés dans des réunions périodiques, qui éveillent moins l'attention que des Conférences spéciales. Il serait préférable de tenir ces réunions après l'Assemblée de la Société des Nations plutôt qu'avant, pour ne pas donner l'impression de vouloir orienter les décisions de l'Assemblée. Cependant il y aurait à tenir compte de la difficulté, pour beaucoup de délégués, de prolonger leur séjour à Genève. D'autre part, il convient d'examiner si des réunions ne pourraient pas être tenues alternativement dans les différents États, auquel cas la présidence serait simplement dévolue au pays où se tiendrait la réunion, deux vice-présidents étant d'ailleurs choisis parmi les Représentants des autres États (2). Une conception analogue est exposée par le Gouvernement **finlandais**, qui estime qu'au lieu d'un Comité politique permanent, le Ministre des Affaires Étrangères du pays ayant exercé la présidence et les représentants diplomatiques des États membres accrédités dans ce pays pourraient constituer l'organisme de liaison entre deux conférences.

Sans entrer dans autant de précisions, la plupart des Gouvernements s'accordent pour mettre au programme des travaux de la première réunion l'examen de l'organisation à donner à l'Union, examen qui pourrait être poursuivi par une Commission d'étude ou d'enquête.

---

(1) Autriche, Danemark, Finlande, Lettonie, Roumanie.
(2) **Voir** également les réponses des Gouvernements bulgare et suisse.

III. — NÉCESSITÉ DE DIRECTIVES GÉNÉRALES.

La nécessité de déterminer les conceptions générales devant guider l'étude de l'organisation européenne était le troisième point que le Mémorandum signalait aux Gouvernements, en leur indiquant bien qu'il pourrait être réservé à l'appréciation de la prochaine réunion européenne.

Considérant que des progrès dans la voie de l'union économique ne peuvent être réalisés qu'autant que sont assurés aux nations des conditions de sécurité et de justes motifs de confiance réciproque, considérant également que la constitution de groupements d'ordre purement économique pourrait exposer certaines nations aux risques de domination politique résultant d'une domination industrielle d'États mieux outillés, le Gouvernement français émettait l'avis que l'effort d'organisation devait tendre avant tout à assurer sur le plan politique la coopération directe des Gouvernements responsables, en vue de l'établissement d'un régime de constante et d'étroite association de paix entre peuples d'Europe.

A. INTERDÉPENDANCE DES PROBLÈMES POLITIQUES ET ÉCONOMIQUES.

Que l'amélioration des conditions économiques puisse être facilitée par celle des conditions politiques n'est contesté par aucun des Gouvernements consultés. La plupart d'entre eux soulignent cette interdépendance, mais ils inclinent généralement à vouloir éviter dans la pratique une véritable subordination.

Il apparaît au Gouvernement **albanais** que «le domaine économique présente des problèmes plus accessibles et que leur solution, faisant accroître la confiance réciproque des États et la pacification réelle des esprits, rendrait plus abordables les questions politiques». Le Gouvernement **allemand** rappelle son point de vue dans les questions de sécurité, de désarmement, de minorités, etc. Mais à propos de l'organisation de la collaboration européenne, il indique qu'aucun changement de méthode ne devrait être apporté dans les questions qui ont déjà fait ou font encore l'objet des travaux de la Société des Nations.

«Indépendamment des considérations politiques, écrit-il, il y a sans doute dans le domaine purement économique des possibilités qui doivent être étudiées et utilisées dans l'intérêt du progrès européen. Une collaboration plus étroite dans ce domaine ne devrait pas être rendue dépendante de la création d'une sécurité accrue. L'entente économique aidera dans une large mesure à renforcer le sentiment de solidarité et par conséquent aussi le sentiment de sécurité.»

Le Gouvernement **autrichien** estime que «le pas décisif dans le développement et l'organisation rationnels des forces économiques de l'Europe ne pourra être fait que lorsque la possibilité d'une guerre sera définitivement écartée». Malgré les progrès réalisés grâce au Pacte de la Société des Nations, aux Accords de Locarno et de la Haye et au Pacte contre la guerre, il reste encore des problèmes politiques de premier ordre à résoudre. Mais il y a des questions économiques qui réclament des solutions immédiates et sont déjà assez avancées pour être réglées.

Dans le même sens s'exprime le Gouvernement **suisse** : «Les nombreuses restrictions qui entravent actuellement l'essor économique de l'Europe sont sans doute dues, en partie, à une certaine impression d'insécurité publique.» Mais «l'Union européenne serait susceptible d'accomplir certains de ses desseins au cas même où elle aborderait l'étude de problèmes économiques sans attendre que le problème de la sécurité fût plus rapproché de sa solution».

Le Gouvernement **hongrois** expose qu'il est à ses yeux des questions politiques dont le règlement faciliterait la coopération européenne. Il ne saurait adhérer à une organisation qui exclurait la possibilité pour l'avenir d'une revision des Traités et rendrait immuables les situations actuelles, mais il se rend compte, naturellement, que la Conférence européenne ne s'occupera pas de cette revision. De même, après avoir mentionné la question des minorités (1), il reconnaît que «l'Association européenne serait sans qualité pour traiter au fond des problèmes qui tombent sous la compétence de la Société des Nations». Aussi conseille-t-il de «s'efforcer d'abord d'organiser la coopération dans le domaine économique».

«Il est évident que le problème de la solidarité économique a des prémisses essentiellement politiques», écrit le Gouvernement **italien**; et pour lui, ce n'est pas seulement celle de la sécurité qu'il faudrait assurer d'abord, mais l'ensemble de toutes celles qui servent de base au Pacte de la Société des Nations, y compris le désarmement·

Le Gouvernement **roumain** estime qu'une collaboration économique peut être organisée sans une coopération politique préalable; mais cette coopération devrait reposer, comme celle de la Société des Nations, sur les principes du respect des traités et de l'intégrité territoriale des États, principes que rappelle également le Gouvernement **polonais**.

Le Gouvernement **letton** voit dans la sécurité politique une condition du développement économique.

A part quelques pays (1) qui réservent leur avis sur ce point, les autres Gouvernements estiment qu'entre le problème politique et le problème économique il, y a plutôt interdépendance que subordination : «Certes, déclare le Gouvernement **belge**, la coordination des activités économiques progresserait difficilement là où ne régneraient point la confiance et la sécurité. L'extension des procédures de conciliation, de règlement judiciaire et d'arbitrage, la multiplicité des accords régionaux d'après le modèle des Traités de Locarno, la réduction progressive des diverses formes d'armement sont de nature à favoriser la coopération économique entre les Nations. Mais la proposition inverse est tout aussi vraie. Ainsi que le proclamait une résolution adoptée, sur la proposition de la Délégation française, par la Vᵉ Assemblée de la Société des Nations, «la paix économique contribuera grandement à assurer la sécurité des peuples». Sans être subordonnés l'un à l'autre, les deux mobiles prin-

---

(1) Le Gouvernement bulgare cite également les questions des minorités et du désarmement. Le Gouvernement lithuanien signale des difficultés résultant «d'actes restés sans une réparation équitable».

(1) Espagne, Grèce, Yougoslavie.

cipaux de l'activité des peuples, le politique et l'économique, exercent l'un sur l'autre une action réciproque. »

Aussi le Gouvernement **tchécoslovaque** envisage-t-il la coopération entre États européens comme devant se manifester plus particulièrement, tantôt sur le terrain politique, tantôt sur le terrain économique, les deux groupes de problèmes, politique et économique, étant dans un rapport continuel d'interdépendance.

Le Gouvernement de **Grande-Bretagne** pense que «c'est avant tout dans le domaine des relations économiques qu'une coopération plus étroite entre les Nations d'Europe est urgente et souhaitable». Mais il estime que les questions économiques devraient être envisagées, non pas l'une après l'autre et en tenant compte d'intérêts isolés, mais en se plaçant au point de vue des intérêts généraux, les autorités politiques pouvant beaucoup contribuer à faire prévaloir des conceptions plus larges en matière économique. De cette observation est à rapprocher celle du Gouvernement **autrichien**, signalant que les travaux économiques, au lieu d'être confiés aux seuls experts, qui peuvent être limités par des conceptions propres aux milieux économiques, doivent être dirigés par des hommes politiques responsables, qui n'ont à s'inspirer que des intérêts nationaux et des intérêts de l'Association européenne. C'est cette question de méthode que le Gouvernement français avait entendu dégager avant tout dans son Mémorandum.

Le Gouvernement **irlandais** recommande également que « les éléments techniques soient, dans le fonctionnement de l'Association proposée, soumis à un contrôle et une direction politique constante ». Il rappelle par ailleurs que les États d'Europe n'ont pas atteint un égal degré de développement industriel et fait remarquer qu'un pays ne saurait se prêter à l'établissement d'un marché commun en Europe sans y être assuré d'une participation légitime.

Dans cet ordre d'idées, le Gouvernement **allemand** note que «l'examen de la crise économique devra prendre comme point de départ la crise de l'agriculture et les difficultés de l'industrie à trouver des débouchés pour ses produits. On devra chercher des voies et moyens pour gagner des marchés plus vastes et pour faciliter l'échange de produits entre les régions essentiellement agricoles et les régions essentiellement industrielles de l'Europe». A cet égard, il estime que des points de vue militaires ne doivent pas constituer des obstacles à une répartition raisonnable des activités économiques et qu'il y aura lieu également de tenir compte de la structure sociale de certains pays et de leurs charges financières résultant de la guerre.

Le Gouvernement **danois** estime «qu'une partie importante des difficultés qui entravent la vie économique de l'Europe est due à la dispersion des forces de la production agricole et industrielle causée par les frontières douanières. Une organisation, qui permettrait l'évolution successive vers une division rationnelle du travail répondant aux conditions géographiques et sociales des divers pays, aurait la plus grande importance pour l'amélioration générale de l'économie européenne et profiterait grandement aux États européens ainsi qu'aux autres parties du monde intéressées au commerce avec l'Europe».

Comme le mentionne le Mémorandum, remarque le Gouvernement **norvégien**, il y a en Europe 20.000 kilomètres de barrières douanières dont la politique douanière des États européens tend continuellement à accroître la hauteur.

Il en résulte un danger pour la paix comme pour la prospérité matérielle. «Chercher à restreindre les armements de la politique douanière est aussi important que de réduire les armées et les marines. La réduction des armements militaires se présentera comme la conséquence naturelle de relations meilleures et plus franches dans le domaine de la politique commerciale.»

«L'abaissement des barrières douanières, demande le Gouvernement des **Pays-Bas**, ne peut-il pas être poursuivi en même temps qu'une entente d'ordre politique ? La réalisation de cet abaissement serait de nature à mettre fin à une des menaces les plus sérieuses pour la bonne entente entre les Nations et constituerait par conséquent par elle-même un des principaux éléments pour l'avènement d'un régime de sécurité.»

B. CONCEPTION DE LA COOPÉRATION POLITIQUE EUROPÉENNE.

C'est, en fait, du développement de la coopération économique et parfois d'une action concomitante sur le terrain politique que la plupart des Gouvernements européens, considérant les garanties déjà fournies par le Pacte de la Société des Nations, le Pacte de renonciation à la guerre et les Accords de Locarno, attendent le progrès le plus immédiat dans la voie de la sécurité.

Plusieurs Gouvernements (1) croient devoir préciser qu'ils ne seraient pas en mesure de s'associer à la généralisation d'un système de garantie ou d'assurance qui comporterait des obligations militaires. Le Gouvernement **danois** a toujours soutenu le point de vue qu'on ne peut assumer, avant la réalisation de la réduction des armements prévue par l'article 18 du Pacte de la Société des Nations, des obligations de garantie allant au delà de celles que ce Pacte contient; il estime même «qu'une discussion particulière entamée à ce sujet rendrait plus difficile, dans les conditions actuelles, les négociations relatives à la coopération européenne». Par contre, il adhère pleinement au principe qui est à la base des engagements de Locarno, de ne pas chercher à modifier de force les frontières déjà existantes, et il rappelle à ce sujet le projet de convention qu'il a proposé à Genève, aux termes duquel «la guerre ne pourrait à l'avenir être invoquée comme justifiant des modifications de frontières».

Le Gouvernement **luxembourgeois**, sous réserve de sa situation militaire spéciale, se prononce pour une extension générale de l'arbitrage et de la politique de garanties internationales. Le Gouvernement **finlandais** suggère «un examen des organes de conciliation et d'arbitrage créés par des traités bilatéraux entre les États européens afin de chercher à les développer et à les uniformiser». Le Gouvernement **polonais** estime qu'il serait opportun de s'inspirer, dans l'organisation d'une Union européenne, de l'ensemble des principes qui ont formé la base du Protocole de Genève.

---

(1) **Danemark, Luxembourg, Norvège.**

IV. — QUESTIONS D'APPLICATION.

Le Mémorandum du 1er mai proposait enfin de réserver à la prochaine réunion toutes questions d'application.

Il donnait notamment une énumération des ordres de questions susceptibles d'être retenues par la Conférence, indiquait les diverses méthodes applicables à l'étude de ces questions et rappelait la nécessité de déterminer les modes de collaboration entre pays membres et pays demeurés en dehors de l'Union.

Les divers Gouvernements se sont, d'une manière générale, montrés d'accord pour reporter également à une réunion ultérieure de la Conférence un examen détaillé de ce programme.

Le Gouvernement **bulgare** propose d'y comprendre des questions politiques. Aux yeux du Gouvernement **finlandais**, il y aurait lieu d'y inscrire la question des passeports.

Au Gouvernement **espagnol**, d'autre part, ce programme apparaît comme susceptible d'être confié normalement à l'examen de la Société des Nations.

Le Gouvernement **irlandais** voudrait qu'on recherchât, à la prochaine réunion, comment les ressources de la Société des Nations peuvent être utilisées et par quels moyens doit être hâtée la mise en vigueur des conventions établies par la Société des Nations.

Le Gouvernement **yougoslave** souligne le nombre et l'importance des questions purement régionales qui présentent un intérêt majeur pour les États européens sans en présenter parfois aucun pour les autres pays : on ne saurait, pour le règlement de telles questions, demander à la Société des Nations de se substituer aux Gouvernements intéressés.

CONCLUSION.

Il ne saurait appartenir au Gouvernement rapporteur, dans la conception qu'il s'est faite de sa tâche, et après s'être limité à un simple exposé analytique des avis formulés ùnilatéralement par tous les Gouvernements consultés, d'engager des conclusions de fond qui ne peuvent résulter que d'une discussion collective, c'est-à-dire de l'appréciation de la Conférence européenne aujourd'hui réunie.

Au surplus, les réponses particulières des Gouvernements au Mémorandum du 1er mai ne constituent, avant toute délibération commune et tout véritable échange de vues, que les premiers éléments d'une large étude encore à son début et qui, en raison de l'importance de son objet, ne saurait être précipitée. De cette consultation préliminaire il n'y avait pas à attendre, à titre immédiat, des conclusions générales, ni surtout définitives, sur l'ensemble du projet à l'étude, mais plutôt des indications sur la procédure à suivre et sur les premières mesures à prendre conformément aux directives du 9 septembre 1929.

De ces indications du moins, il incombe au rapporteur de dégager les plus pressantes, c'est-à-dire celles qui impliquent une discussion immédiate.

Tous les Gouvernements consultés se sont montrés d'accord avec le Gouvernement français pour affirmer leur désir de placer effectivement l'Union envisagée sous l'autorité morale de la Société des Nations : une délibération, sur ce point, de la Conférence européenne doit être ouverte assez rapidement pour lui permettre d'examiner en temps utile les conditions et la forme dans lesquelles il conviendrait de s'assurer des vues de l'Assemblée.

Plusieurs Gouvernements ont proposé, d'autre part, que les Représentants d'États non membres de la Société des Nations fussent invités à participer dès le début aux réunions de la Conférence européenne : il y aura lieu, également, d'examiner, avant toute discussion sur ce point, s'il ne convient pas de s'assurer du sentiment de la Société des Nations.

La proposition d1 Gouvernement de Grande-Bretagne tendant à saisir l'Assemblée de la consultation même, telle qu'actuellement engagée, impliquerait pratiquement une discussion aussi immédiate.

Il en serait de même de toute déclaration, résolution ou [projet de motion dont la communication à l'Assemblée semblerait devoir s'imposer en conclusion de la première réunion européenne

En conséquence, les Représentants des Gouvernements associés à la réunion du 9 septembre 1929 et dont la convocation aujourd'hui était nécessaire pour permettre au Rapporteur de s'acquitter de sa mission dans les conditions fixées, doivent être mis en situation de procéder à un premier échange de vues et à une délibération de principe dès avant l'ouverture de l'Assemblée de la Société des Nations, si l'on veut dégager en temps utile des décisions permettant de saisir l'Assemblée de toutes questions préalables à l'examen de fond du projet mis à l'étude.

À cette délibération pourront être soumis, en général, les principaux points de procédure dont le règlement doit assurer la fixation d'un programme de travail.

Quant à la proposition, conforme aux vœux de la plupart des Gouvernements consultés et plus spécialement formulée par les Gouvernements finlandais et polonais, qui tendrait à instituer, après une première session de la Conférence européenne, un organisme d'étude pour l'élaboration méthodique du programme d'organisation de l'Union européenne, il appartiendra également à la Conférence, si elle en adopte le principe, d'examiner les conditions et le délai dans lesquels devrait intervenir la décision qu'elle aura à formuler à ce sujet.

Telles sont, à titre immédiat et pour ainsi dire préjudiciel, les obligations qui semblent s'imposer dès l'ouverture de cette première Conférence européenne; telles sont, à s'en tenir au simple mécanisme d'une procédure librement engagée par vingt-sept Gouvernements européens, les indices certains et les signes vivants par où s'affirme déjà ce fait, d'une première manifestation d'union européenne. Si, comme la conviction a en été exprimée unanimement, cette Union répond pour l'Europe à une nécessité vitale, ce sera l'œuvre de la vie, assistée de la volonté des peuples, de lui assurer normalement tout son développement.

www.ingramcontent.com/pod-product-compliance
Lightning Source LLC
LaVergne TN
LVHW012004180726
843502LV00005B/1548